AF453270

..Nisi purgatum est pectus, quae praelia nobis

Lucret. De Nat. Rer. L. IV. p. 176.

[illegible] quod superet [illegible]

Lucret. L. VI. 328.

# ANTI-SENEQUE

## Ou

## LE SOUVERAIN BIEN.

Vertueux fans mérite, & vicieux fans crime.
P. Corn. *Oedip.*

à POTSDAM,
1750.

# AVERTISSEMENT.

On a déjà vû cet Ouvrage, à la tête de ma Traduction du *Traité de la
Vie Heureuſe de Seneque.* J'ai conſervé
ſa première forme de *Diſcours* ; au
reſte j'ai refondu, corrigé, augmenté,
& preſque tout changé, jusqu'au Titre : & comme j'ai lû moi même plu-
ſieurs fois chaque épreuve, je crois
que cette Edition (qui n'eſt que de
12. Exemplaires) ſera trouvée beaucoup meilleure, & infiniment moins
défectueuſe. La première avoit

* 2      grand

grand befoin d'être *retouchée en plufieurs endroits* ; j'en conviens avec un
Philofophe impartial qui a eu l'A-
me affez belle, pour (donner à la face des préjugés les plus redouta-
bles,) des Eloges (*) à un Syftême
qui lui a paru vrai, & qui plus eft, à
fon abominable Auteur.


(*) Biblioth. Raifonn. 1749.


LE

# LE SOUVERAIN BIEN.

ES Philofophes s' accordent fur le Bonheur, comme fur tout le refte. Les uns le mettent en ce qu' il y a de plus fale & de plus impudent; on les reconnoit à ce front Cynique, qui ne rougit jamais. Les autres le font confifter dans la volupté, prife en divers fens; tantôt, c' eft la volupté rafinée de l' Amour; tantôt la même volupté, mais modérée, raifonnable, affujettie, non aux luxurieux caprices d' une imagination irritée, mais aux feuls befoins de la Nature : ici, c' eft la volupté de l' Efprit attaché à la recherche, ou enchanté de la poffeffion de la vérité; là enfin, c' eft le contentement de l' Efprit, le motif, & la fin de toutes nos actions, au quel Epicure a donné encore le nom de volupté; nom dangéreufement équivoque, qui eft caufe que fes Difciples ont retiré de fon Ecole un fruit différent de celui que ce grand

A

Hom-

Homme avoit lieu d'en attendre. Quelques uns ont mis le souverain Bien dans toutes les Perfections de l'Esprit & du corps. L'Honneur & la vertu le constituoient ches Zénon. Seneque le plus illustre des Stoiciens, ou plutôt des *Eclectiques,* ( car Epicurien & Stoicien tout ensemble, il a choisi & pris ce qu' il a trouvé de meilleur dans chaque secte ) a ajouté la connoissance de la vérité, sans dire expressément quelle vérité.

Parmi tant d' autres opinions frivoles que je passe sous silence, peu de Philosophes ont eu le goût assés bon pour faire résider le Bonheur dans la continuation de ces douces habitudes qui constituent la pure amitié, ou le tendre amour. Le moyen cependant d' être heureux, même sur le Trône, quand on ne vit pas avec ce qu' on aime! Mais quel malheur, quand on est forcé de vivre avec ce qu'on déteste!

Vivre tranquille, sans ambition, sans désir; user des richesses, & non en jouir; les conserver sans inquiétude; les perdre sans regret; les gouverner, au lieu d' en être esclave; n' être troublé, ni émû par aucune passion, ou plutôt n' en point avoir; être content dans la douleur, comme dans le plaisir; avoir une Ame forte & saine, dans un corps foible & malade; n' avoir ni craintes, ni frayeurs; se dépouiller de toute inquiétude; dédaigner les plaisirs & la volupté; consentir d' avoir du plaisir, comme d' être riche, sans rechercher ces agrémens; mépriser la vie même; enfin arriver

à la

à la vertu par la connoiſſance de la vérité; voilà ce qui forme le Souverain Bien de Seneque & des Stoiciens en général, & la parfaite Bèatitude qui le ſuit.

Que nous ſerons Anti-Stoiciens! Ces Philoſophes ſont triſtes, ſévères, durs; nous ſerons gais doux, complaiſans. Tout Ame, ils font abſtraction de leur corps; tout corps, nous ferons abſtraction de nôtre Ame. Ils ſe montrent inacceſſibles au plaiſir & à la Douleur; nous nous ferons gloire de ſentir l'un & l'autre. S'évertuant au ſublime, ils s'élevent au deſſus de tous les événemens, & ne ſe croient vraiment hommes, qu'autant qu' ils ceſſent de l'être. Nous, nous ne diſpoſerons point de ce qui nous gouverne; nous ne commanderons point à nos ſenſations; avoüant leur empire, & nôtre eſclavage, nous tâcherons de nous les rendre agréables, perſuadés que c'eſt là où git le Bonheur de la vie; & enfin nous nous croirons d'autant plus heureux, que nous ſerons plus hommes, ou plus dignes de l'être; que nous ſentirons l'humanité, la Nature, & toutes les vertus ſociales: Nous n'en admettrons point d'autres, ni d'autre vie, que celle-ci. D'où l'on voit que la chaîne des vérités néceſſaires au Bonheur, ſera plus courte que celle d'Hégéſias, de Deſcartes, & de tant d'autres Philoſophes; que pour expliquer le Mécaniſme du Bonheur, nous ne conſulterons que la Nature & la Raiſon; les ſeuls aſtres en effet capables de nous éclairer & de nous conduire, ſi nous ou-

A 2

vrons

vrons si bien nôtre Ame à leurs rayons, qu' elle soit absolument fermée à tous ces Miasmes empoisonnés, qui forment, comme l' Atmosphère du fanatisme & du préjugé. Entrons en matière.

Nos Organes sont susceptibles d' un sentiment ou d' une modification qui nous plaît, & nous fait aimer la vie. Si l' impression de ce sentiment est courte, c' est le plaisir; plus longue, c' est la volupté: permanente, on a le Bonheur. C' est toûjours la même sensation, qui ne différe que par sa durée & sa vivacité: J' ajoute ce mot, parcequ'il n' y a point de *Souverain Bien* si exquis, que le grand plaisir de l' Amour, qui peut-être le constitüe.

PLUS ce sentiment est durable, délicieux, flatteur, nullement interrompu, nullement troublé, plus on est heureux.

PLUS il est court & vif, plus il tient de la Nature du plaisir.

PLUS il est long & tranquille, plus il s' en éloigne, & s' approche du Bonheur.

PLUS l' Ame est inquiéte, agitée, tourmentée, plus la félicité la fuit.

N' AVOIR ni crainte, ni désir, comme dit Seneque, c' est le Bonheur privatif, en ce que le Ame est exempte de ce qui altére sa tranquillité. Descartes veut qu'on sache pourquoi on ne doit rien désirer, ni craindre. Ces raisons que nôtre Stoicien a sousentendües, rendent sans doute l'Esprit plus ferme,

& plus

& plus inébranlable: Mais pourvû qu'on ne craigne rien, qu' importe que ce foit par vertu de Machine, ou de Philofophie ?

Avoir tout à fouhait, heureufe Organifation, beauté, fcience, Efprit, graces, Talens, honneurs, richeffes, fanté, plaifirs, gloire; tel eft le Bonheur réel & parfait.

Il s'enfuit de tous ces Aphorifmes, que tout ce qui produit, entretient, nourrit, ou excite le fentiment inné du Bien-Etre, devient par conféquent caufe du Bonheur; & par cette raifon, pour en ouvrir la carrière, il fuffit, me femble, d' expofer toutes les caufes qui donnent une agréable circulation, & par elle, d' heureufes perceptions. Elles font internes, & externes; ou intrinféques, & acceffoires.

Les caufes internes, ou intrinféques, qui paffent pour dépendre de nous, n'en dépendent point; elles appartiennent à l' organifation. Les autres font 1º. l' éducation, qui pour ainfi dire, plie nôtre Ame, & modifie nos Organes. 2º. Les plaifirs des fens. 3º. Les richeffes, 4º. Les dignités, la Réputation &c.

Le Bonheur qui dépend de l' organifation, eft le plus conftant & le plus difficile à ébranler; il a béfoin de peu d' alimens, & c' eft le plus beau préfent de la Nature. Le malheur qui vient de la même fource, eft fans remedes, fi ce n' eft quelques palliatifs fort incertains.

Le bonheur de l' éducation confifte à fuivre les fentimens qu'elle nous a imprimés, & qui s' ef-

A 3

facent

facent à peine. L' Ame s' y laiſſe entrainer avec plaiſir ; la pente eſt douce & le chemin bien frayé, il lui eſt violent d' y réſiſter : Cependant ſon chef-d' œuvre eſt de vaincre cette pente, de diſſiper les préjugés de l' enfance, & d' épurer l' Ame, au flambeau de la Raiſon : Tel eſt le Bonheur réſervé aux Philoſophes.

On peut être heureux, j' en conviens, en ne faiſant point ce qui donne des remords : Mais par là on s' abſtient de ce qui fait plaiſir ; de ce que demande la Nature, de ce qui la fait ſouffrir, ſi on eſt ſourd à ſa voix : On s' abſtient de mille choſes qu' on ne peut s' empécher de déſirer & d' aimer. Ce n' eſt ici qu'un Bonheur d' enfant, fruit d' une éducation mal-entendüe, & d' une imagination préoccupée ; au lieu qu' en ne ſe privant point de mille agrémens & de mille douceurs, qui ſans faire tort à perſonne, font grand bien à ceux qui les goûtent, ſachant que c' eſt pure puérilité de ſe repentir du plaiſir qu'on a eu, on aura le Bonheur réel & poſitif, félicité raiſonnable, qui ne ſera corrompüe par aucuns remords.

Pour proſcrire ces Perturbateurs du genre humain, il ſuffira de les expliquer. On verra qu' il eſt auſſi avantageux que facile de ſoulager la ſociété d' un fardeau qui l' opprime ; que les vertus de ſon inſtitution ſuffiſent à ſon entretien, à ſa ſûreté, & à ſon Bonheur : Qu'il n' y a qu'une vérité qu'il importe aux hommes de ſavoir ; vérité, vis à vis de la quelle toutes les autres ne ſont que *frivolités*

ou

ou jeux d'Efprit, plus ou moins difficiles. Dans ce fyftême fondé fur la Nature & la Raifon, le Bonheur fera pour les ignorans & pour les pauvres, comme pour les favans & les riches: Il y en aura pour tous les états; & ce qui va révolter les Efprits prévenus, pour les méchans, comme pour les bons.

Les caufes internes du Bonheur font propres & individuelles à l'Homme; c'eft pourquoi elles doivent avoir le pas fur les caufes externes qui lui font étrangères, & qui pour cette raifon occuperont la plus courte & la dernière place de cet ouvrage. Il eft naturel à l'homme de fentir, parceque c'eft un corps animé; mais il ne lui eft pas plus naturel d'être favant & vertueux, que richement vêtu. La vérité, la vertu, la fcience, tout ce qui s'apprend & vient du déhors, fuppofant donc le fentiment déja formé dans l'homme qu'on inftruit; je ne dois parler de ces brillans avantages, qu'après avoir examiné, fi ce fentiment nu & fans aucun ornement, ne pourroit pas faire la félicité de l'Homme. Enfuite viendront, aprés-tout, ceux de la gloire, de la fortune, & de la volupté.

Ce qui me perfuade de la vérité de ce que je viens de mettre en queftion, c'eft que je vois tant d'ignorans heureux par leur ignorance même, & par leurs préjugés. S'ils n'ont point de ces plaifirs que donne à l'amour propre, la découverte de la plus ftérile vérité, tout eft compenfé; ils n'ont point les peines & les chagrins que donnent les plus importantes. Que ce foit la Terre qui tourne, ne, ou le foleil; qu'elle foit applatie, ou allongée, ils ne s' en inquiétent point; loin de s' embaraffer du cours de la Nature, ils la laiffent aller au hazard & vont eux mêmes rondement & gayement leur petit train, avec le bâton d' aveugle qui les conduit. Ils mangent, boivent, dorment, végétent avec plaifir.

Pour approfondir ce fujet, on me permettra de me livrer à quelques réflexions. Toutes chofes égales, les uns font plus fujets à la joie, à la vanité, à la colére, à la mélancolie, & aux remords mêmes, que les autres. D' où cela vient-il, fi ce n' eft de cette difpofition particuliére des organes qui produit la manie, l' imbécillité, la vivacité, la lenteur, la tranquillité, la pénétration &c.? Or c' eft parmi tous ces effets de la ftruçture du corps humain, que j'ofe ranger le Bonheur organique. Il a étédonné à ces heureux mortels qui pour l' être, n' ont béfoin que de fentir, à ces heureux tempéramens, à ces Béats dont on parle tous les jours; dont telle eft la conftitution, que le chagrin, l' infortune, la maladie, les douleurs médiocres, la perte de ce qu'on a de plus cher, tout ce qui afflige les autres enfin, gliffe fur leur Ame qui fe laiffe à peine effleurer. Le même concours fortuit, la même circulation, le même jeu des folides & des fluides qui fait l' heureux génie, & l' Efprit borné, fait auffi le fentiment qui nous rend heureux, ou malheureux. Le Bonheur n' a point d' autre fource, comme nous l' enfeigne l'uniformité de la Nature. Que

la

la prédilection eft ici admirable ! Celui qu’elle a
favorifé jusqu’à ce point, content du plus petit néceffaire, ne fe fouvient plus qu’il a nagé, que dis-
je ! qu’il s’eft noyé dans le fuperflu. Et fi la fortune revient ; prodigue par tempéramment, quand
le tempéramment fuffit au Bonheur, il regardera
encore l’argent comme les feuilles que le vent fait
tomber ; le fable ne coulera pas plus aifément de
fes mains ; tandis que l’Avare croit qu’on en a plus
de deux pour le voler, & gémit, lorsque fon coffre
fort n’eft qu’à moitié plein.

Heureux qui porte fon bonheur dans fes veines ! Il porte tout avec lui & n’a prefque béfoin de
rien. Pour un homme auffi bien organifé, jamais
un jour entier ne fera trifte & nébuleux ; ils fe le-
veront tous clairs & fereins, s’amufant de ce qui
occupe les autres, riant de ce qui les afflige ou les
fache, il fe réjouit de voir qu’il n’a pas moins de
gayeté, (quoiqu’il n’ait pas d’autres revenus) que
cet oifeau qui vole de branche en branche & vit de
grains jettés au hazard. Rien ne peut troubler un
homme auffi heureufement conftruit. Patient &
tranquille, autant qu’il eft poffible, dans la douleur ;
elle a peine à le déranger de fon affiette. Jugez,
s’il eft ferme dans l’adverfité ! Il rit de voir combien la fortune eft dupe d’avoir cru le chagriner ;
il fe joüe d’elle, comme un Pirrhonien de la vérité. J’en ai vû, de ces heureux Caractères, qui
étoient même quelquefois de meilleure humeur,
malades, que fains ; pauvres, que riches ; & ces

B

chan-

changemens de fenfations doivent encore être re-
jettés fur ceux des organes, dont ils dépendent vifiblement. La maladie produit tous les jours aux
yeux des Médecins de bien plus furprénantes Mé-
tamorphofes ; tantôt elle change l'homme d'efprit
en fot, qui n'en relève jamais, & tantôt elle éleve le
fot à la qualité d'immortel génie. Rien n'eft bizarre pour la Nature ; c'eft nous qui le fommes de l'
accufer de bizarrerie.

RIEN ne prouve mieux qu'il eft un Bonheur
de tempéramment, que tous ces heureux ignorans,
ou tous ces imbécilles que chacun connoit ; tandis
que tant de gens d'efprit font malheureux. Il femble que l'efprit donne la torture au fentiment. De
plus les Animaux viennent à l'appui de ce fyftême.
Lorfqu'ils font en bonne fanté, & que leurs appé-
tits font fatisfaits, ils goûtent le fentiment agréable
attaché à cette fatisfaction ; & par conféquent cette
efpéce eft heureufe à fa manière. Seneque (1) le
nie envain. Il fe fonde fur ce qu'ils n'ont aucune idée intellectuelle du Bonheur ; comme fi les
idées métaphyfiques influoient fur le Bien - Etre, &
que la réfléxion lui fût néceffaire. Si le Bonheur confifte à vivre & à mourir tranquille, hélas ! combien
les Animaux font-ils plusheureux que nous. Combien d'hommes ftupides, qu'on foupçonne moins
de réfléchir qu'un Animal, parfaitement heureux !
La réfléxion augmente le fentiment ; mais elle ne
le donne pas plus, que la volupté ne fait naître le
plaifir.

(1) *Traité de la vie heureufe.*

plaiſir. Hélas ! Doit-on s’applaudir de cette faculté ? Elle vient tous les jours, & s’exerce, pour ainſi dire, ſi à contreſens, qu’elle écraſe le ſentiment & déchire tout. Je ſai que lorſqu’on eſt heureux par elle & qu’elle ſe trouve comme dans le droit fil des ſenſations, on l’eſt davantage, le ſentiment eſt excité par cette ſorte d’aiguillon : Mais en fait de *malheur*, pris dans mon ſens ordinaire, quel droit plus cruel & plus funeſte ! C’eſt le poiſon de la vie. La réfléxion eſt ſouvent preſque un remord. Au contraire un homme que ſon Inſtinct rend content, l’eſt toûjours ſans ſavoir, ni comment, ni pourquoi, & il l’eſt à peu de frais. Il n’en a pas plus couté pour faire cette Machine, que celle d’un Animal ; tandis qu’il y en a une infinité d’autres, pour la félicité des quelles, la fortune, la Renommée, l’Amour & la Nature ſe ſont envain épuiſées : malheureuſes à grands frais, parcequ’elles ſont inquiétes, impatientes, avares, jalouſes, orgueilleuſes, eſclaves de mille paſſions ; on diroit ou que le ſentiment ne leur a été donné, que pour les vexer; ou que leur génie ne leur eſt venu, que pour tourmenter & dépraver leur ſentiment. Confirmons nôtre idée par de nouvelles preuves.

Certains remedes ne ſont-ils pas encore une preuve de ce Bonheur que j’appelle *Organique*, Automatique, ou naturel, parceque l’Ame n’y entre pour rien, & qu’elle n’en tire aucun mérite, en ce qu’il eſt indépendant de ſa volonté? Je veux parler de ces états doux & tranquilles que donne l’opium,



dans

dans les quels on voudroit demeurer toute une éternité, vrai Paradis de l'Ame, s'ils étoient permanens : Etats bien heureux qui n'ont cependant d'autre origine que la paisible égalité de la Circulation, & une détente douce & à moitié paralitique des fibres solides. Quelle merveille opère un seul grain de suc Narcotique ajouté au sang, & coulant avec lui dans les vaisseaux ! Par quelle magie nous communique-t-il plus de Bonheur, que tous les Traités des Philosophes ! Et quel seroit le sort de qui seroit organisé toute sa vie, comme on l'est, tant que ce divin remede agit ! Qu'il seroit heureux !

Les rêves qui n'ont pas béfoin d'Opium, pour être souvent fort agréables, confirment la même chose. Comme un objet aimé se peint mieux absent, que présent, parceque la réalité offre à l'imagination des bornes qu'elle ne connoit point, lorsqu'elle est abandonnée à elle même ; pour la même raison les peintures font plus vives, quand on dort, que quand on veille. L'Ame que rien ne distrait alors, toute livrée au tumulte intérieur des sens, goûte mieux & à plus longs traits des plaisirs qui la pénétrent. Réciproquement elle est aussi plus allarmée & plus effrayée par les spectres qui se forment la nuit dans le cerveau, & qui ne font jamais si affreux, lorsqu'on veille, parceque les objets du dehors les ont bientôt écartés : fonges noirs, aux quels font principalement sujets ceux dont l'imagination, toûjours en deüil, pour ainsi dire, ne se repaît durant le jour que d'idées tristes, lugubres, ou siniftres ;

au

au lieu de les chasser, autant qu’il est possible. Descartes se félicite dans ses *Lettres*, de n’avoir pas la nuit des idées plus facheuses que le jour.

Vous voyez que l’illusion même, produite par des médicamens, ou par des rêves, est la cause réelle de nôtre *Bonheur*, ou *Malheur Machinal* : desorte que si j’avois à choisir d’être malheureux la nuit, & heureux le jour, le choix peut-être m’embarasseroit ; car que m’importe dans quel état soit mon corps, lorsque je suis mécontent, inquiet, chagrin, désolé ? Si dans l’*Incube*, il n’y a point de fardeau sur ma poitrine, mon Ame en a-t-elle moins le *Cochemar* ? Et quoique ces objets charmans qui me procurent un rêve délicieux, ne soient point avec moi, je n’en suis pas moins avec eux ; je n’en ressens pas moins les mêmes plaisirs, que s’ils étoient présens.

On a les mêmes avantages dans le délire & la folie, qui en est un. Souvent c’est rendre un mauvais service, que de guérir ces maladies ; c’est troubler un songe agréable, & présenter la triste perspective de la pauvreté, à un homme qui ne voyoit que richesses & vaisseaux à lui appartenans, comme ce célèbre fou d’Athènes. Saine, ou malade, éveillée ou endormie, l’imagination peut donc rendre content.

Le sentiment qui nous affecte agréablement, ou désagréablement, n’a donc pas besoin de l’action des sens externes, pour faire le plaisir, ou le désagrément de la vie. Il suffit que les sens internes,



plus

plus ou moins ouverts ou éveillés, livrent mon fentiment à leur cahos d'idées, fans l'étouffer, & donnent à mon Ame les fenfations de volupté, ou de douleur, &, pour ainfi dire, la Comédie, ou la Tragédie (2).

Mais la veille même, eft-elle bien certainement autre chofe qu'un rêve moins confus & mieux arrangé, en ce qu'il eft plus conforme à la Nature & à l'ordre des prémières idées qu'on a reçües? La Raifon de l'homme pourroit-elle bien ne pas toûjours rêver, elle qui nous trompe fi fouvent, qui doute d'elle même & de fon évidence avec bonne foi, fait la malheureufe ou l'heureufe incertitude des Pirrhoniens & des fceptiques, & enfin n'eft pas même Maitreffe, comme dit Montagne, de faire vouloir à fa volonté ce qu'elle voudroit.

Si tant de rêves, comme on n'en peut douter, lorfqu'on a quelque connoiffance de l'oeconomie Animale, font des veilles imparfaites, fans contrédit il y a une infinité de veilles qui ne font que des fonges incomplets. On réfléchit fouvent, endormi comme éveillé, & quelquefois mieux. On a quelquefois beaucoup d'efprit en rêve; le Prédicateur déclame, le Poëte fait des vers, Morphée vaut un Apollon. Tel eft le pouvoir de l'habitude de penfer, qu'un Homme accoutumé à calculer, réfoudra un Problême d'Arithmétique, comme

on

(2) *Comme ce vertigineux d'Horace, dont j'ai rapporté l'illufion dans mon* Traité du vertige.

on l'a vû (3), dans ces momens avant-coureurs de la mort, où l'on ne peut rappeller à l'agonifant, ni femme, ni enfans, ni réligion, ni aucune de fes autres idées moins familières.

Mais dans la veille encore, on fe furprend fans ceffe fi bien rêvant, que, fi cet état duroit un fiécle, ce feroit un fiécle qu'on auroit paffé à n'imaginer rien, ou fans idées. Nous reffemblons à ces chiens qui n'écoutent, que lorsqu'ils dreffent les oreilles. Sans l'attention qui lie les idées femblables, ou celles qui ont coutume d'aller enfemble, elles marchent pêle-mêle & galoppent fi vîte & fi légèrement, qu'on ne les fent pas plus, qu'on ne les diftingue : C'eft encore comme en certains rêves accompagnés de trop de fommeil ; on n'en retient rien.

Tel eft l'empire des fenfations ; elles ne peuvent jamais nous tromper ; elles ne font jamais fauffes par rapport à nous, dans le fein même de l'illufion, puisqu'elles nous répréfentent & nous font fentir nous mêmes à nous mêmes, tels que nous fommes *actu*, ou au moment même que nous les éprouvons, triftes ou gais ; contens, ou mécontens : puisqu'elles affectent tout nôtre Etre, en tant que fenfitif, ou plutôt le conftituent lui même (4). D'où il s'enfuit 1º. que foit que la vie foit un fonge, ou qu'il y ait quelque réalité, il en réfulté le même

me

(3) *v. L'Eloge de Mr. de Lagny par Mr. de F...*
(4) *v. Ce que je dis du Bonheur dans mon* Traité de l'Ame.

me effet, par rapport au Bien & au Mal-Etre.
2º. Contre Defcartes ; qu'une défavantageufe réalité ne vaut pas une de ces illufions charmantes fi
bien décrites par Fontenelle dans fes Eclogues :

„Souvent en s'attachant à des Phantômes vains,
„Notre Raifon féduite avec plaifir s'égare ;
„Elle même jouit des objets qu'elle a feints :
„Et cette illufion pour un moment répare
„Le défaut des vrais Biens que la Nature avare
　　　　　　n'a pas accordés aux humains.

Si la Nature nous trompe à nôtre profit, ah !
Pût-elle nous tromper toûjours ! Servons-nous de
la Raifon même, pour nous égarer, fi nous pouvons
en être plus heureux : Qui a trouvé le Bonheur, a
tout trouvé.

Mais qui a trouvé le Bonheur, ne l'a point
cherché. On ne cherche point ce qu'on a, & fi
on ne l'a pas, on ne l'aura jamais. La Philofophie
fait fonner bien haut des avantages qu'elle doit à
la Nature. Seneque étoit malheureux, en écri-
vant fur le Bonheur. Il eft vrai qu'il étoit
Stoïcien ; efpece de lépreux armé contre le plaifir
de vivre. Je crois que le prémier de cette fecte
a dû être hippocondriaque.

L'Efprit, le favoir, la Raifon font le plus fouvent inutiles à la félicité, & quelquefois funeftes &
meurtriers, comme le prouve la Motte le Vayer
par fon propre exemple ; car quoique Précepteur
d'un Dauphin, joüiffant de tous les honneurs littéraires, & fort riche pour un favant, il n'auroit pas
　　　　　　　　　　　　　　　voulu

voulu recommencer ſon cours, tant le Bonheur eſt un Etre rare, conclüe Bayle aſſez légérement à ce ſujet même.

L'Ame peut du moins ſe paſſer ſans beaucoup de rigueur, d'ornemens qui lui ſont abſolument étrangers : auſſi me paroit-elle toute conſolée de ne les point avoir dans la plûpart des hommes qui ſouvent les mépriſent & les dédaignent; contens du plaiſir de ſentir, ils ne ſe tourmentent point au fatigant métier de penſer. Le Bonheur ſemble tout vivifié, tout conſommé par le ſentiment. La Nature en donnant par là à tous les hommes le même droit, la même prétention à la Béatitude, les attache tous à la vie, & leur fait chérir leur exiſtence.

Eſt-ce à dire qu'il n'y a abſolument point à compter ſur la Raiſon, & que (ſi le Bonheur dépend de la vérité) nous courons tous par divers chemins après une félicité imaginaire, comme un malade, après des mouches, ou des papillons? Non, rien moins que cela; ſi la Raiſon nous trompe, c'eſt lorſqu'elle veut nous conduire, moins par elle même, que par ſes préjugés ; mais c'eſt un bon guide, quand la Nature eſt le ſien. Alors l' expérience & l'obſervation portant le flambeau; s'il éclaire, s'il nous fait voir plus loin que nos yeux, on pourra marcher d'un pas ferme dans ce chemin équivoque, dans ce labirinthe tortueux, Dédale humain qui a mille avenües & mille portes

C                       d'end'entrée, & à peine une de fortie; on pourra ne pas toûjours s'égarer, & élever une partie de fon Bonheur fur le débris des préjugés.

DE toutes les efpéces de Bonheur, je préfére celle qui fe développe avec nos organes, & femble fe trouver plus ou moins, comme le fentiment, la force &c. dans tous les corps animés. Je n'ai point affés d'amour propre, pour être dupe. Mais l'organifation n'étant pas de la plus excellente fabrique, peut fe modifier par l'éducation, & prendre dans cette fource les propriétés qu'elle n'a pas en foi; fi elle ne vaut rien, comme la bonne en devient meilleure, il faut efpérer qu'elle en fera moins mauvaife. Ne négligeons point le mérite étranger; il ajoute au naturel qui ne nous a pas été prodigué; il diminüe le démérite de nos organes, comme fait l'Efprit dans une femme laide. Il faut toûjours tendre à la perfection, fuivant le noble fyftême d'Ariftote. Toutes chofes égales, n'eft-il pas vrai que le favant avec plus de lumières, fera plus heureux que l'ignorant?

PUISQUE ce qui peut s'acquérir, a une fi grande liaifon avec nôtre Bien-Etre, tâchons de rendre nôtre éducation parfaite. C'eft déjà une perfection, que de connoitre une ou mille vérités ftériles, & qui ne nous importent pas plus que toutes ces plantes inutiles dont la terre eft couverte; mais c'eft un Bonheur, lorfque cette vérité peut tranquillifer nôtre Ame, en nous délivrant de toute inquiétude

tude d'Esprit. La tranquillité de l'Ame, voilà le but d'un homme sage ! Seneque l'estimoit si fort, qu'il en a exprés donné un long Traité.

Faisons donc tout ce qui peut nous procurer ce doux repos, & tâchons de le procurer aux autres. Disons le à haute voix, à la face des Pirrhoniens. Réparons ce que nous croyons supprimé par seneque, dans une sublime (5) définition qu'il nous a enfin donnée du Bonheur. Oüi il est une vérité utile & frappante, c'est que le sein de la Nature, qui nous a produits, nous attend tous ; il est nécessaire que nous retournions au lieu, d'où nous sommes venus. Si seneque n'avoit pas eu à cœur cette grande vérité ( dont on trouve par tout des traces claires & nullement équivoques dans ses ouvrages ) il n'auroit pas conseillé la mort, non seulement aux malheureux, mais à ceux qui étoient plongés dans la volupté, supposé qu'ils ne pussent s'y souftraire autrement. S'il ne dit point, comme Lucrece, que la mort ne nous regarde en rien, parcequ'elle n'est point encore, lorsque nous sommes, & que nous ne sommes plus, lorsqu'elle est ; c'est que dans tous les tems les plus reculés, l'entière destruction de nôtre Etre étoit une vérité reçüe, & si triviale parmi les Philosophes, qu'un Stoïcien pouvoit bien se dispenser, & comme dédaigner de rassurer les Esprits à cet égard. Ciceron

C 2

nom-

______

(5) *Celui-là est heureux, qui par Raison, ne craint, ni ne désire.*

nomme celui (6) qui s'avisa le prémier de croire nôtre Ame immortelle.

QUOQUE seneque eût mieux fait de dire qu'elle vérité importoit au Bonheur de la vie, en rendant nôtre Efprit tranquille fur l'avenir, Defcartes ne m'en paroit pas moins avoir mal interpreté fon filence, en ne l'interpretant point. L'ai-je juftifié, en l'expliquant?

QUOIQU'il en foit, dans un fiécle auffi éclairé que le nôtre, où la Nature eft fi connüe, qu'à ce fujet elle ne nous laiffe rien à défirer, il eft enfin démontré par mille preuves fans replique, (7) qu'il n'y a qu'une vie, & qu'une félicité. La premiére condition du Bonheur eft de fentir, & la mort nous ôte tout fentiment. On ne fent pas plus apres la mort, qu'avant la vie, les moyens par les quels feuls le fentiment peut être, n'étant plus : une bougie éteinte éclaireroit plutôt, qu'un cadavre ne fentiroit. La fauffe Philofophie peut, comme la Théologie, nous promettre un Bonheur éternel; & nous berçant de belles Chimères, nous y conduire aux dépens de nos jours, ou de nos plaifirs. La vraie, bien différente & plus fage, n'admet qu'une félicité temporelle; elle feme les Rofes & les fleurs fur nos pas, & nous apprend à les cueillir.

TELLES font les juftes bornes dans les quelles la fageffe fait fe renfermer, & contenir fes vœux & fes défirs.

JE

(6) *Phérécide.*
(7) *v. L'* Homme Mach. *Le* Traité de l'Am. &c.

JE fai que Defcartes dit que l'immortalité de l'Ame eft une de ces vérités, dont la connoiffance eft réquife pour faciliter l'ufage de la vertu & le chemin du Bonheur ; mais alors il ne parle pas en Philofophe : & comme il avoüe que le fouverain Bien n'eft point une matière qu'il aime à traiter, il eft facile de voir que la prudence de l'Auteur eft proportionnée à la délicateffe du fujet. Il pouvoit craindre la publication de fes *Lettres ;* & en confé-quence ces bons Chrétiens qui ne cherchoient que la cruelle occafion de le perdre. Lifés les excel-lentes Lettres dont je parle, pour voir les inquié-tudes & tous les chagrins que la fainte Théologie lui a fait effüier, & tout ce qu'elle a remué pour empêcher ce grand Homme d'établir fa Philofophie, à la quelle (toute hypothétique qu'elle eft), l'Efprit humain devra tous les progrés qu'il fera à jamais dans les expériences mêmes, dont elle a fait fentir la néceffité.

MAIS où l'on reconnoit enfin celui qui a re-gardé les Animaux, comme de pures machines, imaginant bien que l'homme leur feroit un jour hardiment comparé; c'eft lorsqu'il dit qu'on n'a aucune affurance fur l'immortalité de l'Ame, fi ce n'eft dans la fauffe Philofophie d'Hégéfias (8), ce font fes termes. Il ajoute que le livre de ce Philo-

C 3

fophe

(8) Lettres *de Defcartes. Tom. V. Voy. Valer. Maxim. L.* 8. *c.* 9. *Cicer.* Tufcul. *L.* 1. *La Mott. le vay.* vert. des Pay. *Tom V. pag.* 155. *Tom. VIII. pag.* 153.

fophe fut défendu par l'un des Ptolomées, parceque plufieurs ennuyés des misères de cette vie (qu'
il exagéroit) s'étoient tués, après l'avoir lû, pour fe
dépêcher, moins d'en fortir, que d'aller goûter dans
l'autre monde les félicités éternelles dont il *leur-
roit* fes Lecteurs. Ce qui fait voir 1°. la mode des
opinions, tantôt bien & tantôt mal accueillies en
différens fiécles. 2°. Le danger de celles qu'on
croit les plus vertueufes, les plus faintes, & les plus
capables de foutenir l'humanité dans les peines de
la vie, & de foulager les malheureux, du moins par
de belles efpérances. Je vois que les meilleurs
Efprits, généralement reconnus pour tels, n'ont jamais pefé dans la même balance les avantages que
procurent les deux opinions contraires. Rien de
plus miférable & de plus à plaindre qu'un Efprit
qui s'inquiéte & fe tourmente pour les chofes fu-
tures, felon Seneque & la Raifon ; car n'ayant point
de certitude qu'elles feront au gré de fes défirs, elles peuvent leur être tout à fait contraires. De là
par conféquent à quelle facheufe incertitude n'eft-
on pas fans ceffe livré ? Ceux qui croient une autre
vie, fe repaiffent, il eft vrai, l'imagination d'agréables idées qui les confolent de mourir, d'autant plus
qu'ils font moins heureux dans celle-ci ; & que vi-
vant avec autant de piété que de probité, ils ont
plus d'efpérance, que de crainte. Ils font trompés
à leur profit. Le gain qu'on leur promet, quoique chimérique, fait qu'ils fupportent patiemment
leurs calamités, & que la perte de la vie, qui eft

tout

tout pour moi, n'a pour eux presque rien de réel. Tel eſt le ſeul avantage de la crédulité. Mais pour une idée riante, combien d'idées triſtes, & de frayeurs cruelles! Au contraire dans nôtre Opinion, ſi on n'a pas les Roſes *phantaſtiques* que donne un beau ſonge, du moins eſt-on exempt des épines réelles qui l'accompagnent. Enfin tout bien conſideré; ſe borner au préſent, qui ſeul eſt en nôtre pouvoir, c'eſt le ſeul parti digne du ſage; nuls inconvéniens, nulles inquiétudes de l'avenir dans ce Syſtême. Uniquement occupé à bien remplir le cercle étroit de la vie, on ſe trouve d'autant plus heureux, qu'on vit non ſeulement pour ſoi, mais pour ſa patrie, pour ſon Roi, & en général pour l'humanité qu'on ſe fait gloire de ſervir. On fait le bonheur de la Société, avec le ſien propre. Toutes les vertus conſiſtent à bien mériter d'elle, comme nous allons l'expliquer.

Que d'autres s'élevent ſur les aîles du Stoiciſme (s'il lui en reſte encore,) jusqu'au haut de ce roc eſcarpé, où Héſiode a bâti un Temple ſublime à la vertu; toûjours piqués des ronces dont le chemin eſt hériſſé, ſans les ſentir; & toûjours cotoyant un précipice, ſans y tomber! Ils pourront bien donner leur nom à quelque ſecte, comme Icare donna le ſien aux mers où il tomba; mais plus ils s'éloigneront de la Nature, ſans la quelle la Morale & la Philoſophie ſont également étranges, plus ils s'éloigneront de la vertu. Ce n'eſt point aux Philoſophes qu'elle a été réſervée. Tout Eſprit de parti,

toute

toute fecte, tout fanatifme lui tourne le dos. Elle a été donnée, ou plutôt enfeignée à tous. Soyons hommes feulement, & nous ferons vertueux. Rentrons en nous mêmes, & nous y trouverons la vertu ; ce n'eft point dans les Temples, c'eft dans nôtre coeur qu'elle habite. Ce n'eft point, je ne fai quelle *loi naturelle*, que la Nature méconnoit ; ce font les plus fages des hommes qui l'y ont gravée, & en ont jetté les plus folides fondemens.

En général les hommes font nés méchans ; fans l'éducation, il y en auroit peu de bons ; & encore avec ce fecours, y en a-t-il beaucoup plus des uns que des autres. Tel eft le vice de la conformation humaine. L'éducation feule a donc amélioré l'organifation ; c'eft elle qui a tourné les hommes au profit & à l'avantage des hommes ; elle les a montés comme une horloge, au ton qui pût fervir, au dégré le plus utile. Telle eft l'origine de la vertu ; le Bien public en eft la fource & l'objet.

Montagne, le prémier François qui ait ofé penfer, dit que celui qui obéit aux loix, parce qu'il les croit juftes, ne leur obéit pas juftement parcequ'elles valent. Ce n'eft que comme loix qu'elles font refpectables ; autrement on n'eût point fuivi toutes celles dont l'Hiftoire fourmille, qui femblent fi fouvent injuftes & cruelles; & on fe fût cent fois révolté contre les Décrets du Sénat Romain. Puis qu'il y a eu dans tous les tems, qu'il ya aujourd' hui, & y aura toûjours des loix contraires à ce qu'on appelle vérité, ou à ce qui paroit

juftice;

juſtice; comment concilier enſemble des interêts ſi oppoſés? à qui donner la préference? La vérité comme tout bon parti ( c'eſt encore l'idée de mon aimable Philoſophe & de celui de la Nature,) doit ſe ſoutenir *juſques au feu,* mais excluſivement. Les loix les plus injuſtes ont la force en main; il n'y a qu'un fou qui oſe les braver. La loi de Nature, faite avant toutes les autres loix, nous dicte de leur livrer plutôt la vérité, que nos corps: & la Politique; de ſacrifier plutôt ſes propres loix, que la Patrie. Par conſéquent la Patrie eſt autant au deſſus des loix, que le loix ſont au deſſus de la juſtice & de l'équité; par conſéquent tout s'abſorbe & s'engloutit en quelque ſorte dans l'intérêt général de la ſociété pour qui tout a été fait.

Il eſt naturel de traiter la vertu, comme la vérité. Ce ſont des Etres qui ne valent, qu'autant qu'ils ſervent, ou à celui qui les poſſéde, ou à ceux pour lesquels ils ſont employés. Vous éclairés les hommes! vous ſervés la ſociété à vos dépens! c'eſt le fruit de l'éducation; le germe en eſt dans l'amour propre, & non dans la Nature. Mais faute de telle & telle vertu, de telle ou telle vérité, les ſciences & la ſociété en ſouffriront? ſoit: mais ſi je ne la prive point de ces avantages, j'en ſouffrirai, moi! Or eſt-ce pour autrui, ou pour moi que la Nature & la Raiſon m'invitent au Bien Etre? Ce pauvre Poëte Autereau qui eſt mort à l'hopital, à la honte de la ville qu'il a amuſée ſur plus d'un Théatre, répond en Philoſophe dans ſon *Démocrite*

D

*pré-*

*prétendu fou :* on eſt heureux pour ſoi, mais **non** pas pour le autres.

"LES Rois, dit Deſcartes, ont leurs vertus, &
„ leur juſtice : elles ont d'autres limites que chez
„ les particuliers.   Dieu donna toûjours le droit où
„ il donna la force.   Les voïes les plus injuſtes en
„ apparence deviennent juſtes, lorsqu'un Prince
„ les croit telles, comme celles qui ſemblent juſtes,
„ ne le ſont plus, lorsqu'il croit faire une injuſtice :
„ l'intention fait tout."   Ainſi parle ce grand Philoſophe dans ces ouvrages qui ſont les confidens
du cœur.

QUE j'aime à entendre Seleucus & Paryſatis dans
Plutarque ! Le premier pour engager ſa femme à
épouſer malgré les loix, ſon cher fils Antiochus,
qui mouroit véritablement d'Amour pour cette
belle Reine, prie inſtamment ſes amis de bien mettre dans l'esprit de Stratonice : "que tout ce qui
„ eſt agréable aux Rois & utile à la Patrie, eſt beau
„ & juſte.„   L'autre, qui n'a de femme, que le ſexe,
ne montre pas moins de vigueur, lorsque pour au-
toriſer une action du même genre, elle dit au Roi
ſon fils : "Dieu vous a donné aux Perſes, comme
„ la ſeule régle de tout ce qui eſt honnête, ou des-
„ honnête, vertueux, ou vicieux.„

SI de l'image des Dieux, on remonte aux Dieux mêmes, on aura certes une grande idée de leur
juſtice, & de la ſolidité de leurs Décrets ! Si de là
on deſcend à celle des peuples, qui ſuivent aveuglé-
ment

ment ce qu'ils trouvent reçu, & n'examinent rien, que n'en pourra-t-on pas penser?

Que les Cirénaiques ont bien fait preuve de jugement, lorsqu'ils ont senti que les loix & les coutumes seules avoient fait la distinction du juste & de l'injuste, & que pour péser & apprécier légitimement les vices & les vertus, toutes les balances étoient fausses, excepté celle, où l'on ne considère uniquement que les avantages de la société.

Lisés d'un bout à l'autre, si vous pouvés, cet adroit (9) Sceptique, qui n'a rien crû, à force de voyager, sans sortir de son cabinet; il vous convaincra par l'Histoire des mœurs des différens Climats que tout est arbitraire & d'invention humaine.

Ouvrés ce fameux ouvrage nouveau qui nous découvre l'*Esprit des Loix*: il vous apprendra que les hommes dépendent des loix; & les loix du climat: que si les Législateurs méprisent son influence, ils ordonnent en vain: que rien n'est plus étendu & plus puissant que l'empire de l'air; qu'il inflüe sur l'Esprit, sur le caractére, sur les mœurs, sur les loïx, la Politique, la Réligion, & le gouvernement de chaque pais: sujet nouveau, & qui étoit bien digne d'être traité par un Philosophe. Aussi Mr. de M. s'y est-il étendu avec une complaisance & une érudition infinie; il semble s'écrier partout: " Législateurs, prenés garde à l'air que vous „ respirés, & faites des loix qu'on puisse suivre! " Quel copieux supplément à son petit livre, l'Au-

D 2

teur

(9) *Le Vayer.*

teur de l' *Homme Machine* pourroit trouver dans celui dont je parle!

Ecoutés St. Evremond, ce Philofophe aimable vous dira au fujet de Catilina (10) que ce qui eft vertu fur le Trône, eft crime fur l' échauffaut; tant on juge en Morale & en Politique, comme en Médecine, par l' événement!

PENDANT combien de fiécles (11) n'a-t-on pas approuvé les morts volontaires? Le *Suicide* étoit une grande vertu ches les Romains.   Les Anglois femblent en avoir hérité; le dégoût de la vie leur fait conclure dans le fein de la profpérité qu'il faut fe délivrer d'un tel fardeau, & la conféquence eft bientôt tirée le piftolet à la main (12).

Si le fuicide fuppofoit autrefois une grandeur d'Ame qui faifoit honneur, la Vengeance étoit une vertu.   Aujourd'hui même qu'elle eft décriée par le Chriftianifme, combien de Chrétiens, je ne dis pas de nom, mais d'effet; combien de dévots mettent tout leur bonheur à fe venger & fe trouvent malheureux de n'en pouvoir venir à bout!

*Tantae animis coeleftibus irae!*

QUEL

(10) *Caton eft fans vertu, Catilina fans vice.*
(11) *v. La Mott. le Vay. dans fon meilleur ouvrage:*
     *vert. des Pay. Tom. V.*
(12) „ *L'Opium peut aider le fage;*
     „ *Mais fuivant mon Opinion,*
     „ *Il ne faut au lieu d'Opium*
     „ *Qu'un piftolet & du courage.*

Quel vice, dit St. Auguſtin, (13) n'a pas été approuvé? Quelle vertu n'a pas été condamnée en différens ſiécles? Ce Père de l'Egliſe, plus Philoſophe ici, que Théologien, ne fait pas difficulté d' inférer de là que la Raiſon humaine eſt trop impuiſſante, trop incapable de juger de la Nature des choſes, pour pouvoir décider la grande queſtion des vices & des vertus. C'eſt dire, ce me ſemble, aſſés clairement, que le bien & le mal n'ont point de ſignes propres qui puiſſent abſolument les caractériſer, & que les ſeuls interêts de la ſociété, (vérité qu'on ne ſauroit trop inculquer) les font diſcerner l'un de l'autre. Otez ce point d'appui, adieu la Morale! tout l'édifice eſt renverſé, les vices & les vertus ſont abſolument *indiſcernibles*, pour conſerver ce mauvais mot de Leibnitz. Telle eſt l'équité naturelle; ſi quelqu'un en a une autre notion, il me fera plaiſir de me la donner.

Sɪ chacun eût pû vivre ſeul & uniquement pour ſoi, il y auroit eu des hommes, & point d'humanité; des vices, ou ce qu'on appelle ainſi, & point de remords: par la raiſon qu'il n'y a point d'Animalité (pour emploier ce mot dans un ſens barbare) entre les Animaux qui ne ſont occupés, chacun que de ſon individu, & qui, ſans le plaiſir vénérien, n'auroient preſque aucun commerce entr'eux.

La néceſſité des liaiſons de la vie a donc été celle de l'établiſſement des vertus & des vices, dont

D 3

l'or-

(13) *Dans la* Cité de Dieu. *Chap.* 41.

l'origine est par conséquent d'institution politique.
Ce fondement de la Société, quoique de pure imagination, est si solide, si nécessaire, que sans lui tout
l'édifice, je le répete, ne pouvant se soutenir, croule
& tombe en ruine.

AINSI nous dirons des vertus ce que Zénon
disoit des vices ; qu'elles sont toutes égales par elles mêmes, étant toutes d'une seule & même sage
fabrique.

MAIS l'honneur & la gloire, séduisans fantô-
mes, ont été nommés pour servir de brillant corté-
ge à la vertu, qu'ils éblouissent & excitent ; au lieu
que le mépris, l'opprobre, l'ignominie, les remords,
ont été attachés aux vices & aux crimes, pour les
étouffer, les poursuivre, & leur servir de furie.
Enfin on a remué l'imagination des hommes, &
par là on a tiré parti de leur sentiment : & ce qui
en soi n'est que chimère, devient par relation un
bien réel ; à moins qu'on n'excepte l'amour propre
attaché aux belles actions, même secretes ; plus flat-
té, lorsqu'elles sont publiques ; car c'est en cela que
consistent l'honneur, la gloire, la réputation, l'estime, la considération, & autres termes qui n'expri-
ment que les jugemens d'autrui qui nous sont favorables & nous font plaisir.   Au reste la conven-
tion, un prix arbitraire, fait tout le mérite & le démérite de ce qu'on appelle vices & vertus.

QUOIQU'il n'y ait point de vertu proprement
dite, ou absolüe, ce mot ne formant, comme tant
d'autres, qu'un vain son, il en est donc de rélatives
à la

à la société, dont elles font à la fois l'ornement & l'appui. Qui les posséde au plus haut dégré, eft le plus heureux de cette efpéce de bonheur qui appartient à la vertu. Ceux qui la négligent & ne connoiffent point le plaifir d'être utiles, font privés de cette forte de félicité. Peut-être, tant la Nature fe fuffit, font-ils dédommagés de ne point vivre pour les autres, par la fatisfaction qu'ils ont de vivre pour eux feuls, & d'être à eux mêmes leurs parens, leurs Amis, leur Maitreffe, & tout l'univers. Ceux-là fe trouvant malheureux, ne fe foucieront pas de conferver leur vie, uniquement parcequ'elle eft utile à leur famille ; ou ils fe délivreront de ce qui leur eft à charge, ou, comme je l'ai vû dans ce valeureux Duc de G., la plus funefte ambition leur fera chercher la mort.

LE Bonheur augmente, aux yeux des perfonnes bien nées, par le partage & la communication ; on s'enrichit du bien qu'on fait ; on participe à la joie qu'on procure : & il étoit digne de l'homme que cela fût ainfi.

MAIS il ne fuffifoit pas que la vertu fût la beauté de l'Ame ; il falloit pour nous exciter à faire ufage de cette beauté, que l'Ame fût flattée, moins d'être, que de paffer pour belle ; il falloit qu'elle y trouvât du plaifir ; comme une jolie femme, qui aime la flatterie & les careffes d'Amour, à caufe de la vanité & de la volupté qui les fuit, forcée d'ailleurs de s'aimer par l'image même de fes charmes: ou plutôt femblable à cette Coquette d'*Alcibiade*,

qui

qui dit qu'elle aimeroit mieux „être bien moins ai-
„mable, & rencontrer quelqu'un qui lui fît com-
„pliment.„　Qu'importe en effet qu'une femme
soit laide, si elle reçoit le tribut de la Beauté? Qu'
importe qu'un homme soit vicieux, s'il passe pour
vertueux, & que la Société n'en soufre point? Ne
dit-on pas tous les jours en fait de galanterie que
la prudence & la circonspection suffisent? qu'il
vaudroit mieux, qu'on en soupçonnât moins, &
qu'on en fît davantage? On est donc heureux par
l'Opinion d'autrui, comme par la sienne propre.
La vanité rend plus de services à l'homme, que l'
amour propre le plus juste & le mieux réglé : demandés le à cette foule de mauvais Auteurs, qui
pésent leur mérite dans la balance de leurs Libraires.

PERSONNIFIONS la vertu. L'honneur est le
diaman qu'elle porte au doit : amans vils, ce n'est
point elle qu'on aime ; c'est son brillant qu'on voudroit avoir, sans passer par sa rude étamine ; & cette fortune en effet arrive fort souvent à ceux qui
en sont les moins dignes. C'est une vieille laide,
qu'on recherche pour le lustre qui pend à ses oreilles, ou pour son argent qu'il faut gagner. Tels sont
les charmes de cette Reine du Sage, de cette Belle
par Excellence, de cette Divinité Stoicienne !

LA vertu encore, si vous voulés, sera l'arbre,
dont on se soucie peu ; qu'on regarde à peine, &
qu'on ne cherche qu'à cause de son ombre : ombre
singulière, qui répond ordinairement assés mal

au

au corps qui la produit; tantôt trop grande, & tantôt trop petite, fuivant que le vent foufflant, ou en proüe, ou en poupe, la refferre, ou l'étend; la contracte, ou la difperfe. Enfin nous fommes pour la plûpart de vrais petits Maitres en fait de vertu; les faveurs qu'elle nous accorde, ne font rien, fi elles ne font du bruit. Presque perfonne ne veut avoir un mérite obfcur & inconnu; on fait tout pour la gloire. Ariftote la regarde comme le premier des biens externes; Horace dit que la vertu cachée eft presque nulle. Ciceron eût volontiers dit la même chofe, s'il eût ofé; il a fait fonner fa vertu, auffi haut que fon Eloquence; pourquoi? Pour en retirer cette gloire dont il étoit fi avide. Il y a peu de vertus dont on ne faffe parade. Si pour être Philofophe, il faut dédaigner de paffer pour tel, il n'y en a point, ou il y en a bien peu. Peu de Carnéades, peu de Catons (14) font le bien pour le bien, & fur-tout aux dépens de leur propre fortune; peu eftiment d'autant plus la vertu, qu' elle eft plus cachée, & d'autant moins, qu'elle a dèja transpiré. Ainfi quoique Carnéade ait été chef d'une fecte contraire à celle de Chryfippe & de Diogène, qui pour acquérir toute la gloire du monde, n'auroient pas daigné feulement étendre le doit, il paroit, tout bien examiné, qu'il n'a pas moins mé-

E                                     prifé

(14) *Caton d'Utique, dont Velleius dit:* L. 2. *cap.* 35. Nunquam recte fecit, ut facere videretur, fed quia aliter facere non poterat.

prifé la gloire que ces Philofophes, & qu'il a parfaitement connu le vrai mérite, en confondant la
gloire avec la vertu, & dégaignant le plaifir de l'
exercer, pour un autre but qu'elle même. Si c'eft
là un raffinement d'amour propre, & que le mépris
même de la vanité, en marque l'excès, (comme en
effet la modeftie eft fouvent un orgueil déguifé,)
c'eft dans cette étrange & belle vanité que je place
la perfection de la vertu, & la plus noble caufe de
l'Héroifme. S'il eft délicat de fe juger foi même,
à caufe des piéges que nous tend l'amour propre;
il n'eft pas moins beau d'être forcé de s'eftimer,
lors même qu'on eft méprifé par les autres. C'eft
par foi, plutôt que par autrui, que doit venir le bonheur. Il eft grand d'avoir à fon fervice la Déeffe
aux cent bouches, de les réduire au filence, de leur
défendre de s'ouvrir, d'en dédaigner l'encens, & d'
être à foi même fa Renommée. Qui feroit fûr qu'
il vaut lui feul toute fa ville, felon l'idée de Defcartes, pourroit s'eftimer & fe refpecter, autant qu'il
pourroit l'être par toute cette ville, & ne perdroit
rien à la privation de tant d'applaudiffemens mé-
prifés? Qu'ont au refte de fi flatteur, la plûpart des
loüanges, pour les briguer tant? Ceux qui les pro-
diguent, font fi peu dignes de les donner, que fouvent elles ne valent pas la peine d'être entendües;
c'eft, comme la *folle* de Regnard le dit des hommes, c'eft *piètre marchandife* : un homme d'un mérite fupérieur n'eft obligé de les écouter, que comme
un grand Roi lit de mauvais vers faits à fon éloge.

Qu'

Qu'il me foit permis de tracer un petit tableau des vertus de la fociété. Chacun a la fienne.
Le Médecin, par fon art de conferver les hommes,
fait plus, que s'il en créoit de nouveaux. Le Père
de famille élève des enfans tendres & reconnoif-
fans; il leur donne une feconde vie, plus précieufe
que la première. L'epoux plein d'attentions &
d'égards, fe refpecte dans fa Compagne, & tâche
de lui faire une chaîne de fleurs. L'Amant ne
peut jamais trop fentir ce que fait pour lui une
Maitreffe charmante, qui ne lui doit rien, & lui fa-
crifie tout. Le véritable Ami, complaifant fans baffeffe, vrai fans dureté, prudent, difcret, obligeant,
défend fon Ami, lui donne de bons confeils, & n'
en recoit point d'autres.

Il eft des vertus de tous les états. Le Citoyen
fidèle & zélé fait des voeux pour fa Patrie & pour
fon Prince. L'Officier brave & éclairé conduit le
Soldat intrépide & féroce. Le Moralifte fenfé four-
nit de bons préceptes puifés dans la Politique. L'
Hiftorien nous offre les plus grand exemples de
l'Antiquité la plus reculée. La volupté, ce charme de la vie, coule des plumes qu'elle anime. Le
Comique répand le fel avec la joie; l'un excite l'
Efprit, qu'il pique avec plaifir; l'autre eft le bien
des cœurs qu'il dilate. Enfin le Tragique, le Ro-
mancier &c. font naître ces fentimens de tendreffe
& de grandeur, que le Poëte transporté élève jusqu'à l'Enthoufiafme.

 SEN-

Sentir le mérite, en est un: le récompenser, est divin.

Rois, imités le Héros du Nord; soiés ceux de l'Humanité, comme vous en êtes les Chefs. Descendre à la qualité de Mécènes, c'est s'élever. Le courage des Ames est autant au dessus de celui des corps, que la guerre polie des Sciences est au dessus de celle des Armes. Soutenés ce courage qui fait la gloire d'un Etat: l'autre n'en fait que la sûreté. La protection fait sur le génie, ce que le soleil fait sur la Rose, qu'il épanoüit.

Vous, Philosophes, secondés moi; osés dire la vérité; & que l'enfance ne soit pas l'âge éternel de l'homme. Ne craignons point la haine des hommes; ne craignons que de la mériter! Voilà nôtre vertu, tout ce qui est utile à la société, en est une; le reste est son fantôme.

Où en sommes nous, s'écrient les Theologiens, s'il n'y a en soi ni vices, ni vertus, ni bien, ni mal moral, ni juste, ni injuste? Si tout est arbitraire, & fait de main d'hommes; pourquoi ces remords dont on est déchiré à la suite d'une mauvaise action? Otera-t-on la seule vertu qui reste aux criminels?

Laissons déclamer, & entrons tranquillement dans cette nouvelle carrière, où la meilleure Philosophie, celle des Médecins, nous conduit.

Retrogradons vers nôtre enfance; (hélas! nous n'avons que très peu de pas à faire pour cela) & nous y trouverons l'époque des remords. D' abord ce n'étoit qu'un simple sentiment reçu sans

examen

examen & sans choix; & qui s'est aussi fortement
gravé dans le cerveau, qu'un cachet dans une cire
molle.    La passion, Maitresse souveraine de la volonté, peut bien étouffer ce sentiment pour un tems:
mais il renaît, quand elle cesse, & sur-tout lorsque
l'Ame, rendüe à elle même, réfléchit de sens froid;
car alors les premiers principes, ceux qui forment
la conscience, ceux dont elle a été originairement
imbüe, reviennent, & c'est ce qu'on appelle *remords*,
dont les effets varient à l'infini.

LE remord n'est donc qu'une facheuse rémi-
niscence, qu'une ancienne habitude de sentir, qui
reprend le dessus.    C'est, si l'on veut, une trace qui
se renouvelle, & par conséquent un vieux préjugé,
que la volupté & les passions n'endorment point si
bien, qu'il ne se réveille presque toûjours tôt ou
tard.    L'homme porte ainsi en soi le plus grand
de ses ennemis.    Il le suit par-tout; & comme Boi-
leau le dit du chagrin, d'après Horace, il *monte en
croupe & galoppe avec lui.*    Heureusement ce cruel
ennemi n'est pas toûjours vainqueur.    Toute autre
habitude, ou plus longue, ou plus forte, doit le vaincre nécessairement.    Le sentier le mieux frayé
s'efface, comme on ferme un chemin, ou comme on
comble un précipice.    Autre éducation, autre cours
des Esprits, autres traces dominantes, autres senti-
mens enfin qui ne peuvent pénétrer nôtre Ame,
sans s'élever sur les débris des prémiers, qu'un nouveau Mécanisme abolit.    Combien de Médecins

je pourrois nommer, qui ont ici encore plus de Pratique, que de Théorie !

Voici maintenant des faits incontestables. Ceux qui sur mer prêts à mourir de faim, mangent celui de leurs compagnons, que le sort sacrifie, n'en ont pas plus de remords, que les Antropophages. Telle est l'habitude, telle est la nécessité, par qui tout est permis.

Autre Réligion, autres remords : autres tems, autres mœurs. Autrefois les femmes seules rougissoient (de dépit) d'avoir leurs adorateurs pour Rivaux, tandis que ceux cy triomphoient d'un air moqueur, en méprisant l'Amour.& les Graces. Aristote favorisoit la ***** pour empêcher la multitude des citoyens, sans se soucier du précepte, *crescite* &c. On avoit autrefois plus publiquement un G*** qu'on n'a aujourd'hui une maitresse ; cela est prouvé par la lecture de tous les anciens qui célébrent librement *l'oeuvre immonde, que fait sans l'autre une moitié du monde.* Lycurgue faisoit noier les enfans foibles & malsains, en s'applaudissant de sa sagesse. Voyés sa Vie dans Plutarque ; vous verrés qu'on ne connoissoit à Sparte, ni pudeur, ni vol, (15) ni adultère &c. ailleurs les femmes étoient communes (16) & vulgivagues, comme les

chien-

(15) *Lorsqu'il étoit fait avec adresse, il étoit récompensé.*

(16) *Platon vouloit établir cette communauté, que d'autres ont restreinte. v. Le Vayer T. VIII. pag. 123.*

chiennes; ici elles étoient livrées par le mari au pre-
mir beau garçon bien fait.   Un fleau de l' humain-
té plus terrible que tous les vices enfemble, & qui
n' eft fuivi d' aucun repentir, c'eft le carnage de la
guerre.   Ainfi l'a voulu l'ambition des Princes.
Tant la confçience qui produit le repentir, eft fille
des préjugés.

ET cependant cet excellent Sujet, qui emporté par un premier mouvement a affommé un mauvais citoyen, ou qui s'abandonne à une paffion dont
il n'eft pas le maitre; cet homme du plus rare mérite, eft tourmenté par des remords qu'il n'eût point
eüs, s'il eût tüé un adverfaire en brave; ou fi un
Prêtre légitimant fa tendreffe, lui eût donné le droit de faire ce que fait toute Nature.   Ah! fi les
graces font faites pour fauver d'illuftres malheureux,
fi en certains cas leur ufage eft plus augufte & plus
royal, comme Descartes l'infinüe, que la rigueur
des loix n'eft terrible; la plus effentielle, à mon avis
eft de l'exemter de remords.   L'Homme, fur tout
l' honnête homme, feroit il fait pour être livré à des
Bourreaux, lui que la Nature a voulu attacher à la
vie par tant d' attraits, que détruit un art dépravé?
Non, je veux qu' il doive à la force de la Raifon ce
que tant de fcélérats doivent à la force de l' habitude.   Pour un fripon qui ceffera d'être malheureux,
reprenant une paix & une tranquillité qu'il n' a
pas méritées vis a vis des autres hommes; combien
de fages & vertueufes perfonnes, mal à propos tour-
mentées dans le fein d' une vie charmante & inno-
cem-

cemment délicieufe, fecouant enfin le joug d'une trop onéreufe éducation, n'auront plus que de beaux jours fans nüage, & feront fuccéder les doux plaifirs au cruel ennui qui les dévoroit?

CONNOISSONS mieux l'empire de l'organifation. Hobbes a dit de l'homme: *homo homini lupus,* vérité qui ne furprend point ceux qui favent apprécier en général l'humanité ce qu'elle vaut. Nous qui favons que fans la crainte des loix nul méchant ne feroit retenu, nous dirons des bons, ce qu'on a dit il y a long tems des Dieux.

*Primus in orbe BONOS fecit timor.*

EN effet le fage Anglois que je viens de citer, a démontré que le principe (17) craintif eft la principale régle, fur la quelle nos actions fe dirigent. A qui les remords ont-ils jamais fervi de Bouffole? Qui s'eft jamais abftenu de faire ce qui lui faifoit plaifir, ce qui pouvoit devenir la fource de fa réputation, ou de fa fortune, uniquement de peur d'en avoir des remords? Ils font donc inutiles, eux, ou la trace réveillée qui les fait, avant le crime: mais pendant qu'on le commet, emporté par fa paffion, on ne fonge à rien moins qu'au fentiment, dont on va être déchiré. Enfin le crime eft fait, quand ils s'élevent, comme pour venger la fociété; & il n'y a que ceux qui n'en ont pas béfoin, qui puiffent en profiter: le tourment des autres, dont la méchanceté eft innée & organique, empêche rarement (fi jamais) leur rechute. Donc les remords font en

foi,

(17) *v. l'Homme Machine.*

foi, philofophiquement parlant, auffi inutiles après,
que pendant & avant le crime.

Mais s'ils nuifent aux bons & à la vertu, s'
ils en corrompent les fruits, fans pouvoir fervir de
frein à la méchancheté, ne s'enfuit-il pas qu'en général ils font au moins inutiles au genre humain, &
comme le plus funefte préfent de l'éducation ?

Le remord me paroit furcharger des machines auffi à plaindre, que mal réglées; entrainées
vers le mal, comme les Bons vers le Bien; des machines qui ont affez (& peut-être déja trop) de la
frayeur des loix, dont le filet auffi néceffaire, que l'
eft en un autre fens l'action qui y conduit, les pren-
dra tôt ou tard. Or fi je les foulage de ce pefant
fardeau, elles en feront moins malheureufes, & non
plus impunies. Ainfi je fers l'humanité, fans effleurer le moins du monde les avantages de la fociété; car puifque les remords ne rendent pas les
méchans meilleurs, la privation de ce fentiment ne
leur inspirera pas plus de méchanceté; & par conféquent il n'eft pas dangéreux pour la fociété, pourvû qu'elle en ait de publics, de la délivrer de fes
Bourreaux particuliers. La bonne Philofophie fe
déshonnoreroit en pure perte, en réalifant des
Spectres qui n'effrayent que les plus honnêtes gens:
tant eft fimple le plus fouvent, au lieu d'être ferme, la probité! Pour eux, c'eft un bonheur de
plus, qu'une ingrate, ou facheufe fenfation de
moins; la quelle véritablement par le poifon qu'elle
répand fur toutes les autres, tüe le plaifir d'être, &

F

fait

fait tous les jours le malheur de la vie. Félicitons ceux-ci, que la feule crainte des remords peut, non rendre d'un commerce fûr & fidèle, mais peut-être affermir de plus en plus dans leur excellente Morale. Plaignons les autres, que rien ne peut contenir; la Nature les a traités fans doute plus en Marâtre, qu'en Mère. Pour être heureux, il faudroit qu'ils euffent autant de Philofophie, que de certitude d'impunité, certitude infiniment plus rare encore que la Philofophie, dans ceux qui font capables de baffeffe, de fcélérateffe, & d'infamie.

Nous avons vû que les remords font un vain remède aux accidens qui ménacent & affligent la fociété; qu'ils ne peuvent pallier nos maux, ni adoucir les Tigres de nôtre Efpéce; qu'ils troublent même, pour le dire ainfi, les eaux les plus claires, fans clarifier celles qui font troubles; qu'ils dépendent d'une Confcience, qui, quand elle ne s'emouffferoit point avec les Nerfs, eft rélative aux idées acquifes, vraies, ou fauffes, dans nôtre enfance, & n'eft elle même par conféquent qu'une efpéce de Baromètre, d'autant plus mauvais & plus infidèle pour marquer les dégrés des vertus & des vices, qu'il varie dans chaque individu, & à plus forte raifon dans chaque climat.

Faisons donc main baffe fur ces ennemis domeftiques : ne foyons point en guerre avec nous, au moins volontairement ; nous n'y fommes que trop fouvent malgré nous.

Enfin

ENFIN détruifons les remords; que les fots foient déformais les feuls qui en aient : qu'il n'y ait
plus d'yvraie mêlée au bon grain de la vie, & que
ce cruel poifon foit enfin chaffé pour jamais, fur-
tout de l'efprit de ces perfonnes aimables qui ne
fe livrent qu'à la plus fage volupté.   Certes fi les
joies puifées dans la Nature, font des crimes, le
plaifir, le bonheur des hommes eft d'être criminels.

*Heu ! miferi, quorum gaudia criment habent !*

OU je me trompe fort, ou la dofe de l'antidote
que je viens de donner, fuffira pour corriger quelquefois le plus nuifible venin que jamais aient ex-
halé les préjugés.

TELLE eft la Nature réduite à elle même, &
comme à fon pur néceffaire.   On croit lui faire beaucoup d'honneur, de vouloir la décorer d'une prétendüe loi née avec elle, comme de tant d'autres
idées, vraiment acquifes : mais elle n'eft point la
dupe de cet honneur la.   Semblable à un bon Bour-
geois, qui préfère l'ancienneté de fa rotûre, à une
nouvelle nobleffe qui ne coute que de l'argent ;
une Ame bien organifée, contente de ce qu'elle eft,
& ne pouffant pas fes vües plus loin, dédaigne tout
ce qu'on lui accorde au deffus de ce qui lui appartient en propre, & fe réduit au fentiment.   L'Art
de le manier, c'eft pour ainfi dire, le manége de l'
éducation qui le donne.   Les belles connoiffances,
dont l'orgueil gratifie fi libéralement nôtre Ame,
lui font plus de tort, qu'elles ne lui donnent de mé-

                              rite

rite, en la privant de celui que leur acquifition fuppofe: car dans l'hypothèfe de la loi prétendüe naturelle, & des idées innées, l'Ame apportant avec elle le difcernement de mille chofes, comme du bien & du mal, reffembleroit à ceux qui favorifés par le hazard de la naiffance, n'auroient point mérité leur nobleffe.

Pour expliquer tant de lumières qu'on a crües infufes, la Nature ne paroiffant pas fuffire par elle même à ceux qui la connoiffent mal, ils ont imaginé plufieurs fubftances, & cherché, ce qui eft abfurde, l'intelligence de la Raifon, dans de vrais Etres de Raifon, comme je le prouve (18) ailleurs.   Mais fi les uns ont gratuitement fabriqué les idées innées, pour donner aux mots de vertu & de vice, une efpéce d'affiette qui en impofât & les fît prendre pour des chofes réelles; les autres ne font pas plus fondés à donner des remords à tous les corps animés, en vertu d'une difpofition particulière, qui fuffiroit dans les Animaux, & qui dans l'homme feroit de moitié avec l'éducation: fyftème qui ne peut fe foutenir, quand on confidère feulement, que, toutes chofes égales, les uns font plus fujets aux remords que les autres, & qu'ils changent & varient avec elle.   Telle eft l'erreur de l'Auteur de l'*Homme Machine*.   Ou il n'a pas fi bien connu la Nature des remords, que l'Auteur de l'*Examen de la Réligion*, &c. attribué à Mr. de St. Evremond; ou (ce
dont

(18) *Traité de l'Ame.*

dont je ne l'aurois pas foupçonné) il n'a pas ofé
s'armer contre tous les préjugés à fois (19).

L'idée de la vertu nous a été fi peu donnée
avec l'être, qu'elle n'y eft pas même ftable, quand
l'éducation & le tems ont développé & orné nos
organes.   C'eft un oifeau fur la branche, toûjours
prêt à s'envoler.   Le premier pli fe refait aifement;
l'organifation reprend machinalement ce que l'éducation fembloit lui avoir dérobé, comme fi la perfection & l'art la gênoient.   Qui ignore la contagion
des mauvaifes lectures, le danger des mauvaifes
compagnies? Un exemple pervers, une feule con-
verfation louche, détruit fouvent, pour ainfi dire,
les plus beaux regards de l'éducation, & la Nature
vicieufe s'applaudit de le redevenir- On diroit
qu'elle s'en trouve plus à l'aife, qu'elle boëte avec

F 3                        plaifir

(19) *On peut voir en lifant le petit Livre dont je
     parle, que je ne donne ici rien de fi nouveau,
     ni de fi révoltant.   Ma Théorie des remords
     fe trouve en effet légérement effleurée, & dans
     cet ouvrage, & dans Montagne même, qui fem-
     ble l'avoir entrevüe, comme le prouve le paffa-
     ge rapporté dans l'extrait adroit & flatteur
     qu'on a donné dans la* Bibliotheque raifon-
     née (1749. *Avril p.* 284.) *de la première &
     tres défectueufe Edition de ce Difcours.   La
     gloire de l'invention ne vaut pas le plaifir de
     fe rencontrer avec un auffi excellent Efprit;
     elle redouble par le mérite de celui qui la par-
     tage.*

plaifir, comme s'il lui etoit violent, ou douloureux de marcher droit, fi droit y **a.**

CETTE fragile inconftance de la vertu la mieux acquife, & la plus fortement enracinée, prouve non feulement la néceffité des bons exemples & des bons confeils pour la foutenir, mais celle de flatter l'amour propre par des loüanges, des récompenfes, ou des gratifications qui l'encouragent lui même & l'excitent à la vertu. Sans quoi, à moins qu'on ne foit piqué par un certain point d'honneur, on aura beau exhorter déclamer, haranguer, c'eft un mauvais Soldat qui défertera. On dit avec raifon qu'un homme qui méprife fa vie, peut détruire celle d'un autre. Il en eft de même d'un homme fans amour propre. Adieu toutes les vertus, fi on en vient à ce malheureux point d'indolence! La fource en fera néceffairement tarie. Oui l'amour propre peut feul entretenir les goûts qu'il a fait naître, & fon défaut eft beaucoup plus à craindre, que fon excés. La belle fociété, qui ne feroit compofée que de Diogènes, de Cryfippes, & autres fous femblables, que l'Antiquité ne nous fait point tant révèrer, que nous ne les trouvions dignes des Petites Maifons!

SI la difpofition au mal eft telle, qu'il foit plus facile aux bons de devenir méchans, qu'à ceux-ci de s'améliorer, excufons cette pente inhumaine de l'humanité: ne perdons point de vüe les entraves & les fers que nous recevons en naiffant, & qui nous fuivent dans tout l'efclavage de la vie.

Vo-

Voyés ces arbres plantés au haut & au pied d'une montagne ; les uns font petits, & les autres font grands ; non feulement ils différent par leurs germes, mais par le terrain plus ou moins chaud, où ils font plantés. L'homme végéte, fuivant les mêmes loix ; il tient du climat où il vit, comme du Père dont il eft forti ; tous les Elémens dominent cette foible Machine ; elle ne penfe point dans un terrain humide & lourd, comme dans un air pur & fec ; à jeun, comme l'eftomac plein &c. Ainfi dépendant de tant de caufes externes, & à plus forte raifon de tant d'internes, comment pourrions nous nous difpenfer d'être ce que nous fommes ? Comment pourrions nous régler des refforts que nous ne connoiffons pas ?

Mais qui le croiroit ? Le Bien-Etre eft le motif même de la méchanceté. Il conduit le perfide, le Tyran, l'affaffin, comme l'honnête homme. La volonté eft néceffairement déterminée à défirer & à chercher ce qui peut faire l'avantage actuel de l' Ame & du corps : & comment ? Si ce n'eft par ce qui la produit elle même, je veux dire, la circulation. Lorsque je fais le Bien, ou le mal ; que vertueux le matin, je fuis vicieux le foir ; c'eft mon fang qui en eft caufe, ce fang qui me rend gay, férieux, vif, badin, railleur, fou, ce fang qui me fait vouloir, & me détermine à tout ; c'eft ce qui l'épaiffit, l'arrête, le diffout, ou le précipite ; comme lorsque s'ouvrant une route, plutôt qu'une autre, les efprits qu'il a filtrés dans la moëlle de mon cerveau, pour être de

là

là renvoyés dans tous mes nerfs, me font tourner
duns un Parc, à droite, plutôt qu'à gauche. Je
crois cependant avoir choifi, je m'applaudis de ma
liberté! Tous nos actions les plus libres reffemblent à celle-là. Une détermination abfolument
néceffaire nous entraine, & nous ne voulons point
être efclaves! Que nous fommes fous, & fous d'
autant plus malheureux, que nous nous reprochons
fans ceffe de n'avoir pas fait ce qu'il n'étoit point
en nôtre pouvoir de faire!

MAIS puifque nous fommes machinalement
portés à nôtre Bien propre, & que nous naiffons
avec cette pente & cette invincible difpofition ; il
s'enfuit que chaque individu en fe préférant à tout
autre, comme ces fainéans qui rampent-inutilement
fur la furface de la terre, ne fait en cela que fuivre
l'ordre de la Nature, dans le quel il faudroit être
bien bizarre & bien déraifonnable, pour ne pas
croire qu'il pût être heureux. Si ceux qui font le
mal, peuvent l'être, ( eh ! que dis-je ! malheureux
en faifant le bien, ce n'eft qu'en faifant le mal qu'
ils font heureux ; oui, qui le croiroit ? c'eft en nui-
fant à ceux mêmes qui leur rendent tous les jours
les plus grands fervices, qu'ils ont le plus de plaifir, de ce plaifir qui part d'un crédit infolent, & d'
une odieufe fupériorité) à plus forte raifon ceux
qui fe contentent de ne pas faire le bien, ne fe cro-
yant point obligés de tenir une parole que d'autres
ont donnée pour eux, pourront-ils avoir le bonheur qui peut dépendre de leur Bien-Etre, & en
général

général de leur façon de fentir. „Ou la Raifon fe
„ mocque, comme dit fort bien Montagne, ou elle
„ ne doit vifer qu'à nôtre contentement, & tout
„ fon travail tendre en fomme à nous faire bien vi-
„ vre, c'eft à dire à nôtre aife. Toutes les Opini-
„ ons du monde en font là, que le plaifir eft nôtre
„ but. Quelque perfonnage que l'homme entre-
„ prenne, il joüe toûjours le sien parmi; & dans
„ la vertu même, le dernier but de nôtre vifée, c'eft
„ la volupté.

Le plaifir de l'Ame étant la vraie fource du
bonheur, il eft donc très évident que par rapport à
la félicité, le bien & le mal font en foi fort indiffé-
rens, & que celui qui aura une plus grande fatisfaction à faire le mal, fera plus heureux que quiconque en aura moins à faire le bien. Ce qui explique pourquoi tant de coquins font heureux dans
ce monde; ce qui nous montre un bonheur particulier & individuel, fans vertu & dans le crime
même.

Une fource de bonheur que je ne crois pas
plus pure, pour être plus noble & plus belle dans
l'efprit de prefque tous les hommes, c'eft celle qui
coule de l'ordre de la fociété. Plus la détermination
naturelle de l'homme a paru vicieufe, & comme
monftrueufe, par rapport à la fociété, plus on a crû
devoir y apporter différens correctifs. De là on
a lié l'idée de générofité, de grandeur, d'humanité,
aux actions importantes au commerce des hommes;
on a donné de l'eftime & de la confidération a qui



ne

ne nuiroit jamais, quelque bien qu'il lui en pût arriver ; du reſpect, des honneurs, & de la gloire à qui ſerviroit la patrie, l'amitié, l'amour, ou l'humanité même, à ſes propres dépens ; & par ces favorables aiguillons, combien d'Animaux à figure humaine ſont véritablement devenus des Héros !

Loin d'abandonner les hommes à leur propre Nature, hélas ! trop ſtérile pour leur faire porter d'excellens fruits, il a donc fallu les élever, & les greffer en quelque ſorte, ſur tout dans le tems que la ſève pouvoit le mieux paſſer dans la branche qu'on leur entoit.

Si je ne me laſſe point de revenir à l'éducation, c'eſt qu'elle ſeule peut nous donner des ſentimens contraires à ceux que nous aurions eus ſans elle. Tel eſt l'effet de la modification, ou du changement qu'elle procure à nôtre inſtinct, ou à nôtre façon de ſentir. L'Ame inſtruite, ne veut, ne ſuit, ne fait plus ce qu'elle faiſoit auparavant, lorſqu'elle n'étoit guidée que par l'inſtinct. Eclairée par mille ſenſations nouvelles, elle trouve mauvais ce qu'elle trouvoit bon ; elle loüe en autrui ce qu'elle y blamoit. Vraies Girouettes, nous tournons donc ſans ceſſe, comme au vent de l'éducation ; & nous retournons enſuite à nôtre prémier point, quand nos organes, remis à leur ton naturel, nous rappellent à eux, & nous font ſuivre leurs diſpoſitions primitives. Alors les anciennes déterminations renaiſſent ; celles que l'art avoit produites, s'effacent : enfin on n'eſt pas mêmê le maitre de profiter de la

meil-

meilleure éducation, autant qu’on le voudroit, pour le bien de la société. On dégénère malgré soi.

CE matérialisme mérite des égards : il doit être la source des indulgences, des excuses, des pardons, des graces, des éloges, de la modération dans les supplices qu’on doit ordonner à regret ; des récompenses dües à la vertu, & qu’on ne sauroit accorder de trop grand cœur, la vertu étant une espèce de hors d’œuvre, un ornement étranger, toûjours prêt à fuir, ou à tomber, faute d’appui. On peut dire des Princes, ce que j’ai dit ailleurs des Médecins ; que les meilleurs sont ceux qui possèdent le mieux cette connoissance absolüe du Mécanisme, au quel nôtre volonté même est assujettie ; & c’est que je pourrois prouver par un exemple illustre que le seul respect me fait supprimer. Sans doute si le coupable par rapport à la société, n’est pas libre dans ses actions, il s’ensuit clairement qu’ il n’a pas été libre, de ne pas être coupable ; qu’il l’est, comme ne l’étant point ; qu’il l’est dans un sens, & ne l’est point dans l’autre ; dans le sens des relations arbitraires, sagement établies ; mais non en soi, non dans le sens absolu, ou philosophiquement parlant ; tranchons le mot, il est clair qu’il ne l’est point, & ne mérite que de la compassion. Lors même qu’on le punit, un Prince Philosophe gémit d’être obligé d’en venir à cette triste extrémité ; il sait que les punitions légales sont aussi absolument injustes, que relativement nécessaires ; & que par conséquent les raisons politiques, qui servent de



ba-

baze à la loi du Talion, ne prouvent pas que celui qu'on pend, foit pendu avec juftice ou équité ; car quelle équité, Grands Dieux ! y a-t-il à ôter la vie d'un malheureux, efclave du fang qui galoppe dans fes veines, comme l'aiguille d'une montre l'eft des mouvemens qui la font tourner ? Et que ce fameux Deftructeur (20) de la liberté humaine, a bien penfé, lorfqu'il a ofé dire qu'il y a plus de raifon que de juftice, à faire mourir les criminels !

Donc, quoique le crime ne foit rien en foi, (tout acte, tout mouvement de l'homme étant abfolument indifférent) en tout cependant l'intérêt public mérite d'être confulté & préféré ; car il faut bien enchaîner les fous, tüer les chiens enragés, & écrafer les ferpens.

Donc, toute la différence qu'il y a entre les Méchans & les Bons, c'eft que chez les uns l'intérêt particulier l'emporte fur l'intérêt général promptement éclipfé à leurs yeux, tandis que les autres facrifient volontiers & même avec plaifir le leur propre, à celui d'un Ami, ou du public.

Ouvrons cette nouvelle fource de vertu, qu'on appelle courage. Les cœurs foibles & lâches fouccombent fous le poids de l'adverfité ; les ames fortes & courageufes la fupportent ; & principalement celles qui font éclairées & joignent de falutaires études à une heureufe organifation. Marchons donc fans reprendre haleine, & tâchons de ne point broncher en fi beau chemin.

L'Ame

(20) *Hobbes.*

L’Ame a sa commotion, comme le corps ; la fortune peut la bouleverser à son gré ; mais c’est une maladie qui n’est ni sans Médecins, ni sans remedes. Epicure, Seneque, Epictete, Marc-Aurele, Montagne, &c. voilà mes Médecins dans l’adversité, leur courage en est le remède. Vous savés qu’après une violente chute, le sentiment s’affaise avec les fibres du cerveau ; pour le relever, il faut retablir par la saignée & autres remèdes les ressorts étouffés. Il en est de même ici. La force, la grandeur, l’Héroisme de ces Ecrivains passe dans l’Ame étonnée, comme une espèce de Cardiaque qui la soutient & la restaure, pour ainsi dire, dans les foiblesses de l’infortune.

LE Stoicisme tant raillé, tant décrié, nous prête donc des armes victorieuses ; il nous offre une espèce de rade, où nous pouvons radouber le vaisseau battu par la tempête. Quelle meilleure Boussole ! Quel plus utile exercice ! J’apprens à voguer, à luter ; je deviens pilote, ou Athléte avec ceux qui le font. Pour ne pas faire naufrage, ou n’être point terrassé, il ne faut que savoir se servir des avirons, ou des muscles de sa Raison ( quand elle en a ). C’est par le courage qu’on peut sortir vainqueur du combat. Telle est la ressource des gens de Lettres, interdite à ceux qui ne les cultivent point, & qui cédent cependant à celle de tant d’ignorans bien organisés, comme eût été par exemple scarron, qui n’avoit besoin pour être gai & content, que de son seul tempérament. Sa Littérature, son goût

G 3

pour

pour la Poëſie, le plaiſir qu'il avoit à compoſer des ouvrages d'Eſprit, n'étoient pour lui qu'un bonheur acceſſoire & ſuperflu.

La Nature a ſes droits; on peut ſentir, (& même on le doit,) non en lâche, ou comme le vulgaire, mais en homme de courage, ou en Philoſophe animé par tant de beaux exemples. Comme tel, je me ſuis ſoumis à l'adverſité; en qualité d'Homme, je l'ai ſentie. Si le premier titre me fait honneur, le ſecond ne me fait point rougir, *nihil humani a me alienum puto* (21). Je ſuis faché de ſoufrir, quoique doux & patient, mais je me croirois fou, ſi je diſois que la douleur & la miſère ne ſont point des maux.

Que la Diſgrace revienne, dont me préſervent non les Dieux, inutiles an monde, mais le plus grand des Rois, je la ſentirai encore, mais je la ſupporterai. Elle eſt le creuſet, ou l'accoucheuſe de la vertu, comme parle un Auteur aimable & adroitement maſqué (22).

Mais n'en eſt-elle pas quelquefois la peſte, ou l'écueil? Hélas! Dans quelles triſtes & déplorables extrémités nous réduiſent la pauvreté, la miſère, la douleur, les fers! L'horreur & le déſeſpoir marchant à leur ſuite; l'Ame avilie, ſans courage, n'a plus d'eſpoir, plus de prétentions qu'à la mort. Rarement la diffère-t-elle, ſans ſe reprocher, ou

ſa

(21) *Terence.*
(22) *Mr. l'Abbé Pernetti.* Lettres ſur les Phyſionom.

ſa lacheté, ou les préjugés qui la retiennent : regardant le néant comme un bien, parceque ſon Etre eſt un mal, elle ſe fait un devoir de s'y précipiter. Sans doute c'eſt violer la Nature, que de la conſerver pour ſon propre tourment. J'ai vû les plus ſaints perſonnages, les plus fortes Ames, forcées de déſirer la mort ; & leurs amis, l'implorer pour eux. La triſte deſtinée du grand (23) Boerhaave en fait foi. Lorsque la vie eſt abſoſument ſans aucun bien, & qu'au contraire elle eſt aſſiegée d'une foule de maux terribles, faut-il attendre une mort ignominieuſe ?

Je ne prétens pas dire qu'on ne doive pas ſupporter la pauvreté & la douleur ; il faut ſe plier à la dureté des tems, & à des peines néceſſaires, ſurtout quand de gayeté de coeur, l'amour propre nous y a expoſés. Tous ces momens de courage ( ou plutôt de fureur ) tant vantés, ne viennent ſouvent que pour diſpenſer un lâche d'en avoir toute ſa vie. Sophiſmes captieux, Enthouſiaſme poëtique, petite grandeur d'Ame, tout ce qui a èté dit en faveur du Suïcide !

Voila certes un grand courage, & une Ame bien forte dans les revers, qui ne peut ſupporter la pauvreté. Et comment ſe peut-il que ceux qui ont montré tant de vigueur dans le ſein des richeſſes, comme ſi cette mer de Creſus étoit néceſſaire pour les ſoutenir, la perdent tout à coup dans celui de la miſère ? Comment tel qui s'étoit élevé, il

n'y

(23) *v. Sa* Vie *& ſon* oraiſon funebre.

n'y a qu'un moment, au deſſus de l'humanité ; tel pour qui la douleur & la pauvreté n'étoient point un mal ; ne ſe ſouvenant plus de ſon ſyſtême, conſeille le ſuïcide? „Tu pleures, dit à peu près Sene-„ que, parceque le pain te manque ! Et que t'im-„ porte, puisque les moyens de mourir ne te man-„ quent point ? Pour un moyen de venir au monde,„ la Nature qui ne retient perſonne, t'en offre cent „ d'en ſortir.„ Remarqués qu'un moment auparavant, on ne pouroit être malheureux dans l'indigence, avec de la vertu. Je t'entends ! c'eſt que cette vertu conſiſte apparemment, plus à ſecoüer le joug, lorsqu'il eſt très difficile à porter, qu'à le porter, lors même que cela ne coute pas beaucoup de peine.

Faire parade d'un courage qui enfle nos Ames, & s'arrêter ainſi dans le plus beau chemin ; dire que la pauvreté & la douleur ne ſont point des maux, & vouloir qu'on ſe tüe pour s'en délivrer ; ce n'eſt pas la ſeule contradition digne d'un bel Esprit. Nôtre payen ne prétend-il pas encore que la principale affaire d'un Philoſophe, eſt d'apprendre tous les jours à mourir ? Or c'eſt aller ſur les briſées du Chriſtianiſme. Lorſqu'on ne craint point les ſuites de la mort, & qu'on n'y croit pas plus qu'à des viſions, ſi on ne meurt pas toûjours trop tôt (car je ne vois pas qu'on ait rien de mieux à faire, que de vivre, ) du moins ne doit-on pas plus déſirer, que craindre le ciſeau d'Atropos. Que cette Parque coupe le fil de nos vies, quand elle voudra ;
il ne

il ne faut point s’en mettre en peine. Soit que cela fe faffe machinalement, ou par raifon, ou qu’on foit tellement emporté par le tourbillon des plaifirs qu’on n’ait pas le tems d’y fonger, il n’importe, pourvû qu’on n’ait aucune inquiétude. J’aime autant n’avoir jamais l’idée de la mort, fi elle m’importune, ou m’effraye, comme elle effrayoit Ciceron, que l’honneur d’être en préfence, & de la braver.

LA faulx eft levée pour tous les hommes, je m’y foumêts ; c’eft au vulgaire à trembler. Il eft auffi ridicule à qui n’admet qu’une vie, de fe préparer à recevoir un coup qu’il ne craint point ; que de l’accélerer, lorsque la vie non feulement eft fupportable, mais pleine d’agrémens. Qui n’attend rien après la mort, doit fentir qu’il perdra tout avec la vie.

QUELLE folie de préférer la mort au plus délicieux train de vie ! De croire que qui ne peut mener une vie folitaire & philofophique, ne puiffe être heureux, & doive en conféquence quitter la vie, plutôt que de porter des chaines de fleurs ! De bonne foi, Seneque a-t-il pû férieufement confeiller la mort à un Ami auffi puiffant, auffi élevé en dignités, auffi riche, & entouré de plaifirs, que Lucilius, fous prétexte que tant d’honneur & de volupté font un trop péfant fardeau ? Mais Montagne lui même, qui a été fi vivement frappé de ce goût furprénant pour la mort, n’eft pas pardonnable, ce me femble, d’avoir crû avec les Stoïciens,

H

que

que la mort devoit faire la principale étude d'un Philofophe. C'eſt peut-être accuſer ſa peur, &, comme il dit lui même, ſa *Coüardiſe*, que d'employer ſans ceſſe tous les moyens de s'apprivoiſer avec la mort ; on diroit que c'eſt afin de n'être pas ſi déconcerté, quand elle paroitra ; ſemblable à un enfant qui auroit peur d'une ſouris, & à qui, pour le corriger de ce défaut, on la feroit voir en peinture, chaque partie, l'une après l'autre, avant que d'oſer lui montrer l'original. Mais devinés par qui nôtre judicieux Pirrhonnien a été entrainé dans ce piége ! Par un homme qui (24) dit que *la Philoſophie n'eſt rien, ſi elle n'eſt ornée ;* Orateur, il eſt vrai, du premier ordre, mais plus déraiſonnable en cela qu'un Chymiſte, qui diroit qu'il n'y a point de Médecine, ſans la Chymie. La Philoſophie bien réglée conduit à l'amour de la vie, dont nous éloigne ſon fanatiſme ( car elle a le ſien, 25) mais enfin elle apprend à mourir, quand l'heure en eſt venüe.

Seneque, ſi inconſéquent d'ailleurs, a ſû mourir, quand il l'a fallu. Comme il avoit employé ſa pénétration à voir de loin l'orage qui le menaçoit, & ſa Philoſophie ( alors bien placée ) à en recevoir le coup ; dès qu'il eut ordre de mourir, il choiſit de ſang froid ſon genre de mort, & fit voir que, s'il avoit été homme durant ſa vie, s'il avoit été attaché à ces grand Biens, objets de la jalouſie publique, & funeſtes préſens du plus cruel des Princes,
il ſa-

(24) *Cicer.* Tuſc. 1.
(25) *Le Stoïcisme.*

il favoit tout quitter & rompre fes chaînes, comme un autre Samfon, pour périr en Héros de fa Secte. Autant, infinüe-t-il lui même, il eft honteux de fe laiffer trainer, au lieu de marcher, quand il faut obéir; autant il eft beau de s'élever au deffus de la mort par la grandeur du mépris.

COMBIEN d'autres efpèces de gloire! Celle que donnent les armes, les Sciences, les beaux-Arts! Le beau champ à parcourir, pour qui voudroit s' étendre! Bornons nous, & craignons la ftérile. fé- condité de tant d'Ecrivains, véritablement pauvres, à force de richeffes.

QUI n'a de paffion que pour les Lettres, peut bien fe contenter de la gloire qui les fuit.

JE dis de ceux qui craignant de quitter le che- min battu, n'ofent s'écarter des opinions reçües, & penfer autrement que les autres, ce que Horace dit des Imitateurs, *fervum pecus*! O vous, que la dé mangeaifon d'ecrire tourmente, comme un dé- mon, & qui pour un grain de réputation donneriés volontiers les mines du Perou, laiffés là tout ce vil troupeau d'Auteurs vulgaires qui rampent à la fui- te des autres, ou dans la pouffière de l'érudition; laiffés là ces ennuyeux favans, dont les ouvrages peuvent affés bien être comparès à ces vaftes Lan- des, triftement uniformes, fans fleurs, & fans fin. Ou n'ecrivés point, ou prenés un autre effor; foiés libres & grands dans vos Ecrits, comme dans vos actions; montrés une Ame élevée, indépendante. Cette voie eft rifqueufe, je le fai; qui fait fon étu-

H 2

de

de de l'homme, doit s'attendre à avoir l'homme pour ennemi. Galilée fut enfermé dans les prifons de l'Inquifition, pour avoir ofé penfer que la 'Terre tournoit ; exemple de la Tyrannie Ecclefiastique qui fit grand' peur à Defcartes. Mais fi la gloire augmente avec le péril, le bonheur n'augmenteroit il point avec la gloire ?

C'eft ce que je ne décide point, pour ne pas féduire ceux qui habitent de moins heureufes contrées : car d'ailleurs je vois que la Philofophie paroit à tous en général affés digne d'être cultivée, mais que ce n'eft pas pour fes beaux yeux ( fi l'on me permet cette expreffion ) qu'on lui fait la cour. Peu fe fentent un certain génie, cette étoile du Bonheur ou du malheur de notre vie, fans courir après la gloire, fpectre brillant, quand c'eft la vérité qui l'enfante ; puiffant, quand c'eft l'Opinion, Reine plus dominante & plus defpotique. La Renommée n'a point trop de fes cent bouches, pour redire & publier les Découvertes & les Conquêtes faites dans l'empire de l'Esprit : Elles font le prix & la récompenfe de tous les travaux littéraires, qui fans cette flatteufe amorce n'auroient pas de fi brillans fuccés. On penferoit pour foi, & non pour les autres ; ou plutôt on penferoit moins, & on fentiroit davantage. Mais non ; traitant la Philofophie, comme nos Maitreffes, nous voudrions avoir l'Univers pour confident des faveurs qu'elle nous accorde. Nous fommes donc Philofophes, comme vertueux ; il y a plus d'amour
pro-

propre, que de curiofité & d' envie d' obliger, tant
dans nos études, que dans les fervices que nous
rendons. Mais ne fommes nous pas trop heureux
au refte, de trouver en nous un fentiment, qui nous
dédommage de l'ingratitude des hommes?

Qu'eft-ce donc que cette réputation qui fait
tant de bruit dans le monde, après la quelle on
court, dès qu'on fait barbouiller du papier, & qu'
on méprife autant, lorsqu'on ne peut l'atteindre,
qu'on feint de la méprifer, lorsqu'on eft célébre?
Quelle eft cette forte Trompette, qui plus puiffan-
te que celle de Mars & de Bellone, élevant nôtre
courage, & nous étourdiffant fur les dangers, nous
appelle à combattre par les feules armes de la Rai-
ifon, des ennemis vainqueurs de la Raifon & des
tems? *Verba & voces,* une vaine image, on l'a dit
avant moi, un fonge, l'ombre d'un fonge, un E-
cho &c. Mais auffi fous que les Poëtes, & peut
être plus, qui le croiroit? Les Philofophes méta-
morphofent cet Echo en Nymphe, en Nymphe
charmante, en impérieufe Divinité; & c'eft ainfi
que nôtre pauvre imagination fe repaît, comme la
leur, de belles chiméres. Vrais ixions, prendrons-
nous toûjours la nüe, pour Junon? Le frivole,
pour l'utile? Ce qu'il y a de plus ftérile, pour ce
qu'il y a de plus fécond? Prendrons-nous toûjours
l'Esprit, pour le fentiment, & la vanité, pour ce
jufte amour propre qui nous a été donné en partage? Nous laiffons, hélas? je le dis dans un fens
bien différent de Seneque, nous dédaignons les plus

H 3

grands

grands biens, le plaiſir de jouïr à longs traits de nous mêmes, & des corps qui nous environnent, pour courir après des biens imaginaires, après des douceurs, ſi l'on peut donner ce nom à ce qui eſt melé de tant de fiel & d'amertume.

SOMMES-nous dans ce monde pour chercher un nom fameux, ou pour goûter les plaiſirs de la vie? Puisque le hazard nous y a jettés, il paroît que le premier but & le plus raiſonnable, eſt d'y vivre tranquille, à l'aiſe, & content. C'eſt une choſe décidée, beaucoup mieux par la conduite de tous les hommes, que par toutes les opinions diverſes de ceux d'entr'eux, qui ſe ſont érigés en Précepteurs du genre humain. Songer au corps, avant que de ſonger à l'Ame, c'eſt imiter la Nature qui fait l'un, avant l'autre. Quel autre guide plus ſûr? N'eſt-ce pas à la fois ſuivre l'inſtinct de hommes, & celui des Animaux? Diſons plus, & prêchons une Doctrine que nous avons eu l'honneur de ne pas ſuivre; il ne faut cultiver ſon Ame, que pour procurer plus de commodités à ſon corps; peut-être ne faut-il écrire, comme tant d'autres, que pour attrapper, ou l'argent des Libraires, ou une eſtime encore plus lucrative. S'il eſt des cauſes finales, celle-ci en eſt une, & des plus ſenſées; l'amour de la vie & du Bien-Etre a évidemment des droits plus preſſés, que ceux de l'amour propre; & comme le plaiſir va devant l'honneur, pour qui a le goût bon, le pain eſt un aliment plus ſolide que la réputation, frivole ſuperflu.

COM-

Commençons donc d'abord par nous assûrer le nécessaire ; c'est le meilleur parti qu'on puisse tirer du préjugé des hommes, assés simples pour croire qu'un savant vaut mieux pour la société, qu'un ignorant. La gloire au reste viendra, quand elle voudra. Que nous sommes vains & dupes, qui pis est, de nous sacrifier au chimérique honneur d'immortaliser les Lettres de l'Alphabet qui composent nos noms ! Soyons meilleurs Pilotes de la vie ; que le sentiment seul nous serve de boussole : & nous ne ferons voile que vers le port de la liberté, de l'indépendance, & du plaisir.

Il est beau, je le veux, de pouvoir compter, non sur le suffrage de la postérité qu'on ne rencontre point, mais sur celui de quelques contemporains connoisseurs. Il est agréable de voir sa Raison & ses lumières croître & s'étendre sous les aîles de la Philosophie & des Muses ; mais il y faut être en sûreté, & que la Poule ne laisse pas prendre ses Poussins ; ou c'est être fou, que de cultiver la Sagesse. Aristote ne s'y fia pas plus que moi, & fit bien : la République d'Athènes qui s'étoit déshonnorée, en condamnant un homme qui valoit peut être mieux qu'elle, n'eût point rougi de se déshonnorer une seconde & une troisiéme fois. La Politique qui a fait la honte, ne la connoit point. Descartes s'absenta aussi fort à propos, au moindre murmure de la mer Théologique, aisément en fureur. Prêt à jetter au feu un travail de quatre ans, conbien n'a-t-il pas craint que l'Eglise ( ce que
je ne

je ne puis voir, sans rire de la simplicité de ce grand Homme ) n'approuvât point ses opinions, & ses conjectures physiques!

La gloire qui marche à la suite des Muses, ne peut donc nous dédommager de la perte des Biens du corps, c'est un bien trop étranger & trop loin de nous. Pourquoi donc lui immole-t-on ce qu' on a de plus cher au monde? C'est que pour une Ame sensible à la gloire, les revenus de l'Amour propre sont d'un plus grand prix que ceux du *Thrésor Royal.* La vanité qui réalise tout, donne un corps solide à ses plus frivoles chimères. Nôtre imagination enflée, & comme bouffie par les éloges, fait passer l'estime d'autrui chez nous mêmes, où elle se change en si haute considération, que vûs au microscope de nôtre Amour-propre, nous nous paroissons des Personnages de grande importance; & ne voyant en nous que matière & forme, nous croyons cependant avoir non seulement une Ame, mais une Ame d'une trempe particulière, supérieure, sublime, & comme faite exprès pour nous. De là coulent tous les avantages que l'Esprit peut procurer au corps; car sans doute les liqueurs circulent avec plus d'aisance, lorsque l'Ame est agréablement affectée : & toutes choses égales par conséquent, c'est à dire lorsque nôtre individu n'en souffre point, s'acquérir de la gloire, est un plus grand bien, que de n'en point avoir.

N'y auroit-il point plus de grandeur d'Ame, à la mépriser? C'est ce qu'il faut demander aux
Sto-

Stoïciens. „ Voyez, difent-ils, en levant d'orgueil-
„ leux fourcils (26), voyés courir tous ces fous ; la
„ gloire eft leur objet, ils cherchent l' eftime publi-
„ que ; & nous, la nôtre. Nous avons trop de ver-
„ tu, pour en faire parade,,. Ces mêmes hommes
cependant, ne méprifent pas plus la réputation & l'
honneur, que les richeffes ; & ils font tout pour
en avoir. Je n'en voudrois d'autre preuve que
toutes ce recherches d'esprit étudié, que Seneque
étale avec tant complaifance dans fes Ecrits. Avec
quel art en effet & quelle Coquetterie ce Philofophe
a expofé la Doctrine d'une Secte dont il eft devenu
l' ornement & l'appui !

Le mépris n'eft pas plus un mal, que la lou-
ange, un Bien. Mais nous fommes affés dupes encore une fois, pour tenir par l'imagination, à celle
des autres, qui nous flatte, ou nous bleffe, par l'
image agréable ou défagréable, qui en réfulte dans
le Cerveau. Un difcours choquant, ou flatteur,
agit, comme un tableau, beau, ou laid, par le *bene*
ou le *malè placitum* des anciens. C'eft pourquoi on
dit : „ telle chofe fait honneur ; telle autre n'en
„ fait point,,. Honneur ! Ah ! Qu'on eft fot, qu'-
on eft à plaindre, quand on eft affés peu Philofophe,
pour être arrêté, ou déconcerté par une chimèré.
Je voudrois bien favoir, fi les idées que les Indiens
ont des Chinois, & ceux-ci des François ; les Turcs
des Chrétiens, & ceux-ci des Turcs, les touchent
& les mortifient.

I

EH

(26) grande fupercilium. *Iuven.*

EH BIEN! Les opinions d'autrui font auffi étrangères à mon Etre; ce qu'un autre fent, eft tout à fait différent de ce que je fens. A coup fûr, celui qni me méprife, ne penfe pas comme moi fur mon compte; & celui qui me loüe, ne me loüe peut être pas tant que moi même. Un connoiffeur qui lit un ouvrage, en juge par la jufte balance, où il le péfe; l'Auteur feul l'eftime plus que fon poids.

JE m'arrête à ce Dilemme: ou les idées qu' on a de moi, font vraies, ou elles font fauffes. Si elles font vraies, c'eft à moi de me corriger, fuppofé que je reconnoiffe avoir tort. Si elles font fauffes, ce n'eft qu'une erreur qui retombe fur celui qui la commet, & qu'il faut lui pardonner, fi elle eft involontaire; comme le plaindre, s'il y a de la méchanceté, fi comme le Sr. F.... (27) il ne cherche qu'à nuire, uniquement pour nuire, & fans qu'il en réfulte aucun bien.

JE fuis une Espéce fort fingulière; je me divertis plus de l'ignorance & des bévües de mes Antagoniftes, que je ne me fache de leur acharnement. Je traite tout de même; le chagrin, l'adverfité, les maux, les petites mortifications de la vie ne m'atteignent point, ou fort peu. On crie, on déclame, & je ris: tous les traits de la malignité & de l'envie ne percent point ce rampart de douceur, de gaiété, de patience, de tranquillité, d'humanité, en un mot de vertus, finon Théologiques,

du

(27) v. la Bibliotheque germanique. Extrait de l' Homme Machine.

du moins Morales & Politiques, que la Nature m’a
donné, & que la Philofophie n’a fait que renforcer.
Je me fuis vû battu par la tempête, mais comme
un rocher, fans en être ébranlé. Affés ftoïcien fur
la douleur, fur les maladies, fur les Critiques, les
Satyres, les Libelles, les Calomnies, je ne fuis point fi
Epicurien fur le plaifir, que je ne lui préfère ma fanté : fenfible aux éloges mérités, méprifant autant
ceux dont je ne fuis pas digne, que ceux qui ne le
font pas de m’en donner, je me fens plus les
entrailles, que la vanité d’Auteur.

Tandis que je fuis en train de me donner les
airs de me peindre, comme j’ai fait ça & là dans tous
mes Ecrits, il faut que j’ajoute les plus finguliers
traits à mon Tableau ; on n’en verra que mieux
combien le Bonheur eft Phyfique.

Je ne reffemble pas mal a ces vieux militaires,
qui ont en penfions, la moitié du fond qu’ils ont
dépenfé au Service. Je fuis content toutefois, parce que mon fang circule librement dans mes veines,
& que je n’ai ni faim, ni foif, je ne dis pas d’argent
& d’honneurs, mais même de plaifirs, n’aimant
que ceux qui fe préfentent, & en faifant peu de cas,
lorfqu’il faut laborieufement aller les chercher, comme l’or, dans les mines qui en contiennent. Vous
êtes, me dira-t-on, protegé par un Prince plus illu-
ftre encore par fon génie & fes Ouvrages immor-
tels, que par fa naiffance & fes Victoires ; plus grand,
plus refpectable, plus Augufte par les qualités du
coeur, qu’ étonnant par celles de l’Esprit. Il eft

I 2

vrai

vrai que je fuis même comblé de plus de Bienfaits que je n'en ai mérités : il eft vrai, que comme je l' admire fans flatterie, je l'aime fans intérét. Mais fi je fuis heureux, eft-il bien fûr que ce foit par ce qui flatte le plus mon amour propre ? Ou plutôt ne le ferois-je point par cette tranquille médiocrité que je dois à ce Dieu des Ames, par cette obfcurité douce, où j'aime à vivre, pourvû que mon nom forte de ma folitude & ne foit pas condamné au même fort: chimère, fi l'on veut, mais qui en vaut bien une autre ; chimère compenfée par tant d'autres bonnes réalités, dües à un Esprit libre & fans préjugés; folie enfin, qui a fa fource dans la plus pure fageffe.

MAIS que dis-je ! Une trop jufte reconnoiffan- ce doit excufer mon erreur, fi c'eft elle qui m'a emporté au delà du vrai : Il eft beau de voir une fois le cœur *dupe* de l'Esprit, pour retourner l'idée de M. de la Rochefoucaut.

PUISQUE je fuis heureux, après avoir tout fait pour ne l'être pas ; puifque je l'étois presque autant, avant que d'avoir été appellé auprès du plus grand des Rois ; prefque autant, abandonné, que généreufement fecouru : puifque enfin les maladies n'altérent ni la paix de mon Ame, ni la gaiété de mon Esprit; que conclure, de tout cela, fi non que mes refforts reffemblent affés bien à ceux d'un corps élaftique, qui reprend toute fon extenfion, après avoir été courbé, ou comprimé ; & les fibres de mon cerveau, à celles des autres parties de mon corps, actif, alerte, & fain, Dieu merci. Ce qui
expli-

explique pourquoi mon Ame foiblement frappée par les coups de l'infortune, se releve aussi vîte qu'une chair fraiche & bien conditionée, après la pression. Si mes muscles étoient paralytiques, faute du cours des Esprits, s'il étoient infiltrés d'eau, comme dans l'Hydropisie ou l'Oedème, la marque du doit y resteroit: de même, si, faute de l'influence de la Raison, la meme *résolution*, pour parler en Médecin, & la même flaccidité avoient passé dans mon Ame ; si ce qui sent en moi avoit perdu sa ferme élasticité par la force des préjugés, l'empreinte, & comme la marque de l'adversité resteroit longtems & peut être ineffaçablement gravée dans mon Ame. E-prouvant le même sort qu'une constitution molle & lâche, elle en seroit abbattue & aussi poursuivie, qu'on l'est en amour, par l'objet de sa passion, ou, pour le dire d'après Virgile, qu'une Biche, par le trait qui l'a blessée.

Mais ce Esprits flasques & mous, dans un corps robuste, (ce qui dépend de l'organisation particulière du cerveau & d'autres causes,) comme ils ne sont jamais fort heureux dans la prospérité, la disgrace ne leur porte pas une si rude atteinte ; elle fait moins leur malheur, philosophiquement parlant, qu'elle n'ajoûte à celui qui circule dans leurs veines, & qui est né avec eux : ce qui prouve, comme chacun a pû le remarquer, en réfléchissant sur soi même, dans les divers états ou dégrés de bonheur & de malheur, par les quels on passe communement, que le bonheur ne s'acquiert pas, com-

I 3

me

me toutes nos idées, qu'il ne dépend presque que du tempérament ; que les caufes étrangères y ajoûtent peu : & qu'en conféquence (à moins que le tempérament ne change, comme dans la cure parfaite de l'*Hyppocondrie*, de l'*Hiftérie*, de la Manie &c.) Il eft toûjours à peu près le même, à quelque haut rang, à quelques honneurs & dignités qu'on foit élevé ; & ce qui furprendra encore plus ces hommes qui végétent, fans examiner leur végétation, à quelque mifère & pauvreté qu'on foit en proye, pourvû feulement qu'on ne le foit point à la douleur ; car jamais les Empires n'ont été bouleverfés, comme la Machine du Corps & de l'Ame & tous fes refforts le font par cette violente tenfion des Nerfs qui fait fouffrir à la Nature les tourmens les plus atroces, & fe montre le plus cruel Tyran des corps animés. Quelle réflexion plus confolante pour les malheureux ! Et quoi de plus capable en même tems de mettre un frein à cette ambition de toute efpèce, dont les pauvres mortels font dévorés !

Qu'il me foit permis de me produire encore ici. Je me connois mieux que les autres, dont je ne puis juger que fur les rapports incertains qu'ils ont avec moi.

La carrière où je cherche à me diftinguer, quand je ne le dirois pas, fait affez connoître que je fuis un Ambitieux de cabinet ; que je cours après le vain Titre de Philofophe ; c'eft à dire, que j'aime à paffer pour connoître ce qu'on ne connoîtra jamais

mais, la Nature ; que j'aime à puiſer dans ſon ſein
ces vérités lumineuſes, enfermées, comme le feu,
dans la ſubſtance ténébreuſe des corps ; non pour
agrandir mon Eſprit, ( pour l'amuſer peut-être )
non pour augmenter la doſe de celui qui eſt dans
le monde ; non encore, je le dis à ma honte, pour
influer du moins indirectement par mes lumières
ſur le bonheur des hommes, qui m'eſt cependant
fort à cœur ; mais pour avoir le plaiſir de publier
mes réflexions & mes recherches, & de jouïr enfin
de quelque réputation. Eh ! bien ; je le ſuppoſe,
on me regarde comme un excellent Médecin, un
grand Philoſophe, un très beau génie &c. ! La Raiſon même m'a été tranſmiſe par Socrate, pour éclairer l'Univers ! En ſerai-je pour cela plus heureux ?
J'aurois tort de m'en flatter ; car qui m'aſſûrera
qu'un jour la Cigüe ne ſera pas la récompenſe de
mon courage philoſophique ? Qui m'aſſûrera que
cette fumée après laquelle je parois courir avec
tant d'ardeur, par je ne ſai quelle miſérable vanité
qui m'entraîne ; bien différente de celle qui préſerve des inſectes, & permet d'y faire tranquillement ſes repas, ne les attire au contraire, (comme
j'ai déja eu le triſte honneur de l'éprouver ) dans
l'Atmoſphère de celle dont je ſerois *obumbré* & tout
couvert. Faut-il dire de quels inſectes je parle ?
Ceux là portent rabat & grand chapeau rabattu ;
maigres & pâles, ils ont d'une main l'allumette ſou-
frée, & de l'autre le poignard du Fanatiſme ; & jamais
on n'en vit fondre un plus nombreux & plus furieux

eſſaim

eſſain, que dans le territoire des Philoſophes. Iugés de la couronne de lauriers qui nous attend!
Hélas! Je ſerois Roi, ( autre réflexion conſolante
pour ceux à qui la naiſſance & la réputation ont
ſemblé tourner le dos! ) & Roi auſſi célébre que
ce fameux Sage audeſſus de toute fortune, dont la
Renommée auſſi grande que le monde, eſt plus petite que lui ; je ſerois plus encore, s' il ſe peut, que
cela n'ajouteroit pas la valeur intrinsèque d'un grain,
à la doſe de mon bonheur organique : & la preuve-
en eſt, que la perte de ma fortune & de tous mes
plaiſirs ne m'a cauſé que quelques ſoupirs rares, qui
ne mont pas rendu malheureux. Tant il eſt vrai
que tout dépend du tempérament, & que le plaiſir
& l'argent ne peuvent ajouter à nôtre Bien-Etre,
hélas! que bien peu de choſe.

Si le bonheur ne peut conſiſter dans la gloire qui ſuit les Lettres, le mettra-t-on dans le plaiſir
de les cultiver? Je ne le crois pas. Je ſai que l'
étude affecte immédiatement nôtre Ame, ou en ſa-
tisfaiſant ſa curioſité, ou par le charme du goût, d'
images agréables, & de mille ſentimens divers. Je
ſai que penſer, n'eſt qu'une manière de ſentir, qu'
un ſentiment en quelque ſorte replié ; & par conſéquent faire des Lectures & des méditations qui
nous rient; penſer à des choſes qui plaiſent, c'eſt ſentir preſque ſans ceſſe agréablement, c'eſt vivre en
Dieu, par l'Eſprit,

Telle eſt la volupté de l'Eſprit, qui a excité
dans l'Auteur de l'*Homme Macnhie* tous ces transports

ports si dignement adressés, & je ne sai pourquoi si mal reçus. Mais n'outrons rien ; il a fallu que l'homme fût non seulement organisé, mais préparé de loin & par dégrés à recevoir l'impression de cette volupté. Nous n'en serions point susceptibles, sans l'éducation, dont la variété en met tant ici. Encore ne le sommes-nous pas fort long tems. Un arc ne peut toûjours être tendu ; les cordes du violon relachées ne donnent plus de sons sous l'archet : de même les muscles de l'Ame venant à se détendre, le plaisir diminüe proportionellement ; les yeux se fatiguent, quand les ligamens ciliaires qui semblent pouvoir approcher le Cryftallin de l'Uvée, sont las de se contracter. Voyés les Nerfs les plus sensibles & les plus *érigibles* de tout le corps ; ils ne peuvent plus se roidir après un seul commerce, ils ne sentent rien : plus morts que vifs, on peut bien dire avec Petrone, *funerata est pars illa.* En même tems la volonté ne veut plus ce qu'elle voudroit. On se dégoûte de lire & d'écrire, par la même raison qu'on se dégoûte d'une femme. Comme le plaisir du commerce amoureux diminüe, à mesure que le besoin & la passion décroissent ; le charme de l'étude, la première heure, est bien plus vif, que quelques heures après. Je sens bien qu'il en est de la passion des Lettres & des Arts, comme de toute autre qu'il faut satisfaire, ou être malheureux. Je ne crains poient les fers, ni la tyrannie, parceque l'Esprit ne peut s'enchaîner ; mais vif, comme je suis, je serois fort à plaindre, si les

K

moiens

moiens de lire, ou d'ècrire, m'étoient cruellement interdits. La liberté de fatisfaire un goût dominant, ne fuffit cependant pas, pour fe rendre heureux. Il y a trop d'autres vuides, trop d'autres béfoins à remplir. Iugés du Bien-Etre de ceux qui aiment fi peu l'étude, qui s'appliquent à leur profeffion avec fi peu de goût & de plaifir, que mille ecus de rente leur en laifferoient à peine une étincelle; pour ne rien dire de ces génies bornés, qui étudiant malgré Minerve, furchargent leur pauvre mémoire de mille faits, qui leur feroient perdre le jugement, s'il en avoient. Souvent forcès d'ailleurs de fe dévouer tout entiers à des chofes ingrates ( & qui le font encore moins qu'eux ) ils regardent les Livres dont ils font entourés, comme leurs plus cruels ennemis. Enfin quelle multitude inombrable d'heureux ignorans, dont nous avons parlé, qui, s'ils n'ont pas l'honneur, ou le plaifir d'acquérir de belles connoiffances, & le goût de l'efprit, plus rare que l'efprit même, s'en vengent par le mépris, & ne croient pas valoir moins ( tant s'en faut! ) parcequ' avec leur inftinct ils ont fait fortune, tandis que les autres ont été conduits, difent ils, au précipice, par les *feux-folets* de leur efprit.

Concluons donc que ceux qui, comme Ciceron, Pline le jeune, l'Auteur de l'*Homme Machine* &c. ont mis le bonheur, foit dans la volupté de l'efprit, foit dans la gloire qui marche à la fuite des Beaux-Arts, ont donné dans l'exagération & l'enthoufiafme de leur goût, & ont ainfi fait deux fautes dans une ;

une ; car non seulement ils ont, contre toute Logique, étendu & généralisé ce qui étoit borné & particulier, j'entends le plaisir de l'étude : mais ils ont à la fois borné ce qui a été si universellement accordé à toutes les créatures animées, je veux dire la faculté d'être heureux ; & de l'être, chacun à sa manière & à sa fantaisie. *Trahit sua quemque voluptas.* Placer en général la félicité dans la culture des Lettres, pour le plaisir qu'on en retire ; c'est négliger les biens du corps, & se moquer de la Nature. Attacher le bonheur au char brillant de la gloire & de la Renommée : c'est le mettre, comme un enfant, dans le bruit que fait une trompette.

Montrons le reste du tableau. Tant de gens sont heureux sans richesses & sans volupté, ainsi que sans science & sans réputation ; & sur tout dans le sein d'une obscure & tranquille médiocrité, qu' en plaçant si loin du bonheur, des biens que d' autres en ont mis si près, j'ai crû leur faire encore plus d'honneur, qu'ils ne méritent.

Examinons donc la nouvelle corde qui se trouve à nôtre Arc, sans nous laisser plus séduire par sa belle couleur d'or, que par toutes les bouches flatteuses de la Renommé. Mais comme nous sommes sensibles à l'avantage d'être estimés, sans cependant vouloir désormais sacrifier nôtre tranquillité au plaisir de faire un vain bruit, ne soyons point aussi dupes de l'opinion de ceux qui ne font point assés de cas du plus puissant des Dieux. Quel animal farouche seroit donc la vertu, ou la



Philo-

Philofophie, fi l'or ne l'apprivoifoit, fi la pluye de Jupiter n'amolliffoit fa dureté? Auffi Seneque, cet ennemi déclaré de cequ'il aimoit tant, convient il qu'il eft auffi doux & agréable d'être riche, que de fe promener en hyver dans une belle Allée que le foleil échauffe; mais par un contrafte évident, qu'il paroit avoir exprès éludé, la pauvreté eft l'ombre, où il fait froid.   On a beau fe pénétrer du fouverain bien & s'envelopper dans toute fa vertu; ni la vertu, ni la Philofophie, ne peuvent avec toutes leurs rames nous conduire au port défiré.   Pauvre manteau d'hyver, qui n'empêche pas le vent de Nord de glacer l'Ame avec tout fon courage!

Mais peut-être l'Ame des Stoiciens habite-t-elle hors du corps, comme celle des Leibnitziens, fans être fujette aux loix imaginaires de la même harmonie! D'ailleurs pour qui la douleur n'eft point un mal, le froid qui en eft un diminutif, ne feroit-il point un bien?

Laissons Lucien railler; il feroit difficile d'imiter fa légèreté.   Seneque convient que le Sage peut & doit même confentir d'être riche; c'eft à dire qu'il ne fera point de baffeffes pour le devenir, & qu'il n'aura point auffi à rougir d'avoir reçu les richeffes à bras ouverts, mais qu'il leur donnera une efpèce d'hofpitalité, que les pauvres & d'illuftres malheureux partageront.   Il n'y a guères qu'un homme de mérite, Roi, comme fujet, qui rende fervice à qui en a.   C'eft pourquoi le Sage, ou quiconque fait ufer des richeffes, foulagera les malheu-

reux

reux, excitera la vertu, encouragera les talens, re-
levera le mérite opprimé, & en un mot s'en servi-
ra, plus en œconome, qu'en Maitre. Quelle différence d'un tel homme, à ces Ames basses & trivia-
les, que la fortune enorgueillit, infiniment flattées
de ce qu'il y a de plus étranger & de moins flatteur, & qui ne partagent avec qui que ce soit les
commodités qu'ils en reçoivent! Mais comme il n'
y a qu'un fou, qui dissipe son bien au gré de ses caprices, dont la voix couvre celle de tant de miséra-
bles; il n'y a qu'un lâche, qu'un Tyran, qui s'en serve
pour tourmenter les hommes, & qui trouve, com-
me le *Narcisse* de *Britannicus*, sa félicité dans les mal-
heurs dont il est causé.

FAIRE le bien de la société, rendre les cœurs
heureux de sa joie, c'est le devoir d'un homme riche. S'il ne s'en acquitte pas; s'il n'est point
compatissant, libéral; s'il ne souffre point, à la vüe
de tant de pauvres, que le plus opulent ne peut
soulager, le dépôt a été mal confié; il ne pouvoit
être en de plus mauvaises mains.

JE ne désire point d'être riche, pour avoir chez
moi une foule de flatteurs & de faux Amis, qui
sans un reste de mauvaise honte, ou plutôt de perfidie, me tourneroient le dos, presqu' aussi vîte que
la fortune; je ne voudrois posséder de grand biens, que pour joüir de cette belle prérogative, le
plaisir d'obliger, de faire des heureux; la généro-
sité seroit toute ma magnificence. Je ne méprise-
rois point les richesses; je saurois les dépenser, &

 peut-

peut-être les diſtribuer.    Je regarde l'avarice, comme la ſource de tous les vices; & ſans généroſité, eſt-il quelque vertu ?

MA félicité n'eſt point d'avoir des chevaux, des coureurs, des chiens, & tout cet amas de laquais preſſés, dont le poids ſemble ménacer d'enfoncer le derrière d'un Caroſſe.    Tant d'Animaux domeſtiques ne me ſont point néceſſaires.    Je ne me crois point décoré d'avoir à ma porte un Suiſſe menteur, qui refuſe l'entrée à des Créanciers, qu'un honnête homme ne doit point craindre ; il ne les a faits que pour les payer.    Paſſe encore, ſi ſa hallebarde & ſa mouſtache faiſant peur à qui fait trembler l'Univers, pouvoit empêcher la mort d'entrer ? Mais non, Horace l'a dit en latin, & Malherbe en françois :

   „ Le pauvre en ſa cabane, où le chaume le couvre
            „ Eſt ſujet à ſes loix ;
   „ Et la garde qui veille aux barrières du Louvre
            „ N'en défend pas nos Rois.

LOIN d'ici tout ſuperflu ! Le Sage ne le connoit, que pour le mépriſer. O ! malheureux cent fois, qui ajoûte aux béſoins de la Nature, qui ne ſont déjà qu'en trop grand nombre, ceux que le faſte, ou la vanité lui fait ! Pour être heureux, ſi ce n'eſt pas aſſés d'un néceſſaire trop exaɛt, du moins ſuffit-il de pouvoir dire : „ j'aime à vivre, parce-„ qu'avec peu de choſes je ne manque de rien,„. Socrate préféroit la mort à l'exil ; je n'ai pas juſqu'à ce point *la maladie du païs.* Je crois que la Patrie
                                    & le

& le bonheur peuvent aller enſemble, & ſont en effet où l'on eſt bien. C'eſt une vérité, dont on auroit peine à diſſuader qui la ſent avec une auſſi vive reconnoiſſance que moi. Pourquoi faut-il qu'on ſoit réduit à déſirer du moins la conſervation de ce qu'on a? Sans la crainte de le perdre, un Philoſophe ſeroit heureux. Mais enfin eſt-il de ſi beaux jours qui ne ſoient obſcurcis par de petits nüages, que les rayons de la plus belle eſpérance ont bien de la peine à diſſiper? Celui même qui vit de ſes propres revenus, eſt-il ſûr que ſon fermier ſera toûjours ſolvable?

REGARDONS la proſpérité la mieux fondée, en apparence, comme un beau ciel, où le tonnère peut tout à coup gronder; comme un calme trompeur au quel peut ſuccéder la tempête. Le vaiſſeau périra, ſi tout ne ſe trouve prêt ſur le champ, pour jetter l'ancre & la parer. Accoutumons-nous donc peu à peu à être moins attachés à ce qu'il ſera très incommode de ne pas avoir, afin de le moins regretter, quand véritablement nous aurons le malheur d'en être privés. Le fardeau eſt la moitié moins peſant, quand on s'eſt préparé à le porter. Ce que je dis de la pauvreté, je l'ai dit ci-devant de la vie, dont le joug eſt quelquefois bien dur, dans le ſein même des richeſſes & des grandeurs. C'eſt alors qu'il faut ſe munir de plus de force, pour ne pas céder à la tentation de briſer ſes liens. Il eſt rarement glorieux de ſavoir mourir; & toûjours du moins utile, de ſavoir vivre.

Qui

Qui eſt digne des faveurs de la fortune, peut bien l'être de celles de la Nature, & par conſéquent de la volupté (28). La raiſon pour la quelle Seneque ſe déclare ſi vivement contr' elle, c'eſt qu'il prétend que le volupteux ne peut être ni bon Ami, ni bon Soldat, ni bon citoyen, mais ſans raiſon, comme l'expérience le prouve. La volupté n'énerve pas toûjours ſes favoris ; on lui ſacrifie beaucoup, mais on ne lui ſacrifie pas tout ; & quelque puiſſant que ſoit ſon empire, le devoir s'allie ſi bien au plaiſir dans une Ame raiſonnable, que loin de nuire, ils ſe prêtent des forces mutuelles. L'Art de ſentir, de goûter, de perfectionner en quelque ſorte le plaiſir, eſt aſſés généralement accordé aux Francois, peut être parcequ'on leur en fait un démérite. Cette Nation ſi voluptueuſe cependant, en eſt-elle moins capable d'Amitié? L'Amour de la Patrie en eſt il moins gravé dans ſon cœur? Connoit-elle le danger, où l'honneur, où ſon Roi l'appelle? Si la volupté d'Epicure n'eſt qu'une robe de femme ſur un corps robuſte, comme dit figurément Seneque, ne puis-je pas dire dans le même ſens, que nos ſeigneurs françois portent le courage d'Hercule dans les habits d'Omphale? Mr. de Voltaire, & tous ceux qui connoiſſent la Nation, ne me démentiront pas : Voici comme la peint ce beau génie :

„ Des Courtiſans français tel eſt le Caractère,
„ La paix n'amollit point leur valeur ordinaire:
„ Du

______

(28) *Il s'agit ici de celle des ſens, & non de la volupté en général qui conſtitüe le bonheur.*

„ Du fein de la molleffe, ils courent aux hazards,
„ Vils flatteurs à la cour, Héros aux champs de Mars.

Seneque ne défend pas abfolument l'ufage de la volupté. Vous connoiffés ces Bleuëts, image du Vaudeville pour la durée, Ornemens de Céres, que le hazard des graines & des vents fait naître au milieu des blés ; la volupté, infinue-t-il, croît ainfi quelquefois fur les pas d'un homme vertueux ; il peut la cueillir, lorsqu'elle fe préfente, fans qu'il la cherche, comme on cueille une fleur en paffant. Suivant cette idée, la volupté feroit la fleur de la vertu, comme elle eft l'efprit du plaifir ; elle germeroit dans le fein d'un homme vertueux, d'autant plus belle, que la terre qui la produiroit, feroit elle même plus pure & plus vierge, comme parlent les Chymiftes.

Ce n'eft pas tout à fait défendre l'ufage d'une fleur, que de permettre de la flairer ; mais faut-il en refpirer fi négligemment la délicieufe odeur ? S'il eft dans la volupté, comme dans toutes les plantes, une quinteffence, ou, comme dit Boerhaave, un *Efprit Recteur* ; en prendre la fleur, la fentir avec nonchalance, eft-ce le moien de goûter cet Efprit raviffant ? Le dédaigner, n'eft-ce point une indolence coupable ? N'y a-t-il pas une forte d'inhumanité à laiffer flétrir, qui pis eft, une rofe mieux emploiée à nôtre ufage ?

*hos datum munus in ufus.*

L

LAISSONS cette indifférence Stoique ; les Bienfaits de la Nature méritent des transports de tendreſſe & de reconnoiſſance, que nos ingrats lui refuſent.

JE ne prétends pas faire conſiſter le Bonheur dans la volupté ; car quoique j'aie autrefois fait couler de ma plume, toute l'ivreſſe qu'elle avoit répandüe dans mes ſens, me dégageant aujourd'hui des piéges de la Sirène, je ſouſcris ( par tempéramment ſans doute ) à plus de modération ; & je veux que le béſoin ſeul, ce Père du plaiſir, l'appelle déſormais, & ſonne, pour ainſi m'exprimer, l'heure de ma volupté. Mais ſi les plaiſirs des ſens ſont eſſentiellement trop courts, & trop peu fréquens pour conſtituer un état auſſi permanent que la félicité ; regardons les du moins, commes des éclairs de bonheur, qui ne peuvent manquer, ſans rendre les joies de la vie imparfaites & tronquées, & ſans laiſſer tant de petites plaïes, dont le cœur eſt ſouvent ulceré, dans le béſoin du ſeul baume qui les adoucit, & les cicatrice, comme les femmes mariées le ſavent par la plus douce des expérìences.

Ne prenons point pour des béſoins réels, les déſirs d'une imagination qui aime à s'irriter ; il y aura moins de gourmands, moins d'yvrognes, & moins de débauchés ; mais donnons à la Nature, ce qui appartient à la Nature. On boit, quand on a ſoif ; on mange, quand on a faim ; or en amour, on éprouve quelquefois ce double effet de la même cauſe ; car quel homme n'a pas quelquefois

faim

faim & foif de certaines voluptés ? Et faute de s'
y livrer, combien s'élevent dans l'Ame de nuages,
de mécontentemens, de caprices, que le foleil de la
volupté peut diffiper ? Je n'ignore pas que certains tempérammens foibles peuvent, ou plutôt doivent s'en priver, pour fe bien porter, & mieux
jouir des autres plaifirs ; mais d'ailleurs la volupté
prudemment conduite, eft d'une auffi grande néceffité que les autres béfoins ; c'eft pourquoi la Nature a employé les mêmes moiens pour faire naître
celui-là, qui vient de la même fource, comme la Phy-
fiologie nous l'apprend. Et c'eft pour cela que Celfe,
fon Commentateur Lommius, Venette, Boerhaave
& tous les plus graves Philofophes & Médecins n,
ont point fait difficulté de recommander le Con-
grés dans leurs Ecrits, & d'y donner de vraies &
fages leçons d'Amour.

QUOIQUE le bonheur ne doive pas être placé
en général dans la volupté des fens, il y a cependant de fortunés mortels, pour qui c'eft un béfoin
fi urgent, que fans cet acte vénérien, qu'il leur faut
répéter chaque jour, ils feroient malheureux & fort
à plaindre.  Au contraire donnés une ample carrière à leur luxure, ils font heureux, non feulement
dans la volupté, & par la volupté même, mais dans
le fein de la débauche, de la folie & du défordre.
Quelle preuve en demandés vous ? Leurs jours s'
écoulent, prefque fans qu'ils s'en apperçoivent, parcequ'ils fentent vivement & ne réfléchiffent point.
Ils font de toutes les fêtes, de tous les feftins, de tous

les plaisirs. La gaieté peinte sur leur front, rit dans leurs yeux aux convives qu'elle réjouit ; toûjours contens, ils ne respirent que la joie, ils la portent par tout ; ils la font naître dans les cœurs les plus sérieux ; ils la font circuler dans les cercles ; & Rivale du Champagne, ils la font mousser & boire à longs traits. Faut-il s'étonner qu'on s'aperçoive de leur absence ? Monnoie courante de nos cœurs, pour le dire ainsi, la joie est un substitut de l'esprit, je n'ose dire plus agréable que l'esprit même, mais plus généralement senti, étant plus à la portée de tout homme qui sait rire. Cependant ces mêmes heureux mortels, ces *Soupeurs* charmans & si recherchés, sont souvent perdus de dettes, qui ne les empêchent pas plus de dormir, qu'un grand Seigneur ; & d'honneur, dont ils ne font pas plus de cas, qu'une fille d'Opera, tant la réputation leur est chère ! Tant il est vrai que la vertu & la probité sont choses étrangères à la Nature de nôtre Etre, ornemens & non fondemens de la félicité.

COMBIEN d'autres sont aussi vertueux, qu'honnêtes, chastes, sobres, & malheureux ! Leur candeur, leur sagesse, leur humanité est à toute épreuve ; mais ils n'en trainent pas moins avec eux l'ennui de la solitude, la dureté de leur Caractère, & l'onereux fardeau d'une sotte gravité, ou d'une Raison qui ne se déride jamais : aussi durs & sévères, que graves & silencieux ; aussi froids & tristes, que sûrs & vrais ; leur mélancolie, leur figure atrabilaire font fuir les jeux & les ris déconcertés & effarouchés

rouchés à leur aspect.   On les respecte, & on les
fuit ; c'est le sort de la sauvage vertu ; tandis qu'on
recherche avec empressement d'aimables vicieux
qu'on méprise ; c'est le sort de l'urbanité & des
graces, toûjours adorées, parcequ'elles sont suivies
de plus aimable enfant de la Nature, l'Art de plaire.
Ici les uns sont heureux, en ne pensant pas plus
qu'une P… Là le malheur des autres vient de trop
penser, & à des objets noirs & lugubres ; images
tristes que la Nature tire comme un rideau, devant
l'imagination bouchée.   Quelle ressource ont ceux-
ci ? Quelques palliatifs d'un moment, comme je l'
ai dit : le vin qui nuit ensuite, le jeu, les Compagnies, les spectacles, la dissipation, qui ne réussissent
pas toûjours.   Au contraire le commerce des per-
sonnes extrêmément joyeuses, afflige quelquefois
d'autant plus celles qui ne le sont pas.   Mais ceux-
là, dirés-vous, ne sont capables que de goûter la
volupté, & de se ménager les délices d'un doux
prurit.   Eh bien! En sont-ils moins heureux ? Ne
suivent-ils pas cet instinct, ce goût, ces passions in-
surmontables, par les quelles chaque Animal tend à
son Bien-Etre ? N'ont-ils pas enfin la seule sorte de
félicité, qui soit réellement à la portée de leurs organes ?

Il en est de même, j'y reviens, de tous les méchans.   Ils peuvent être heureux, s'ils peuvent
être méchans sans remords, & mépriser leur vie,
sans aucune sorte de crainte.   J'ose dire plus que
je n'ai dit jusqu'ici ; celui qui n'aura point de re-

L 3

mords

mords, dans une telle familiarité avec le crime, que les vices foient pour lui des vertus, fera plus heureus, que qui, après une bonne action, fe repentira de l'avoir faite, & par là en perdra tout le prix. Tel eft le merveilleux empire d'une tranquillité que rien ne peut troubler. Que dirions nous de ceux qui par la volupté même de leurs vices, & même de leurs crimes les plus déteftables, élevent leur félicité fur les débris de celle d'autrui ; que l'exercice de la vertu rend malheureux, qui ne peuvent pas plus refpirer dans ce rare élement, que le Poiffon hors l'eau ? Rien de nouveau ; rien que nous n' ayons déjà affés fait entendre ; rien enfin qui n'ait été gravé au Burin de l'hiftoire : & fi elle fourmille de ces odieux exemples, cen'eft que pour en infpirer une jufte horreur.

O ! toi qu'on appelle communément malheureux, & qui l'es en effet vis à vis de la fociété, devant toi même, tu peux donc être tranquille ! Tu n'as qu'à étouffer les remords par la réflexion ( fi elle en a la force, ) ou par des habitudes contraires, beaucoup plus puiffantes. Si tu euffes été élevé dans d'autres principes, ou fans les idées qui font la baze des tiens, tu n'aurois point eu ces ennemis à combattre. Ce n'eft pas tout ; il faut que tu méprifes la vie, autant que l'eftime, ou la haine publique. Alors en effet, je le foutiens, parricide, inceftueux, voleur, fcélerat, infâme & jufte objet de l'exécration des honnêtes gens, tu feras heureux cependant ! Car quel malheur, ou quel chagrin peuvent

vent

vent causer des actions, qui si noires & si horribles qu’on les suppose, ne laisseroient (suivant l’Hypothèse) aucune trace du crime dans l’Ame du criminel ? Mais, si tu veux vivre ; prens y garde, la Politique n’est pas si commode que ma Philosophie. La justice est sa *fille* ; les Bourreaux & les gibets sont à ses ordres : crains les, plus que ta Conscience & les Dieux. L’une ne prouve pas plus, que ne peuvent les autres

Les prémiers Hommes, qui en ont eu d’autres à gouverner, ont senti la foiblesse de ce double frein. De là est venüe la nécessité d’étrangler une partie des citoyens, pour conserver le reste, comme on ampute un membre gangrené, pour le salut du corps.

Goufes aussi, puisque l’ingrate Nature te le permet, Prince cruel & lâche, savoures à longs traits la Tyrannie. Eroftrate voulut s’immortalifer par le feu ; immortalifes toi par le fang ; raffines dans l’invention des tourmens, comme un homme à bonnes fortunes, dans celle des voluptés ; & trouves y, s’il se peut, le même plaifir. Le feul bien qui soit en ton pouvoir, est de faire du mal ; faire le bien, seroit ton fupplice. Je ne t’arrache point au maudit penchant qui t’entraine. Eh ! Le puis-je ? Il est la source de ton malheureux Bonheur. Les Ours, les Lions, les Tigres, aiment à déchirer les autres Animaux : féroce comme eux, cédes, il est juste, cédes aux mêmes inclinations. Je te plains cependant de te repaître ainsi des calamités publi-

ques ;

ques ; mais qui ne plaindroit encore plus un Etat, où il ne se trouveroit pas un homme, un homme assés vertueux, pour le délivrer, aux dépens même de sa vie, d'un Monstre tel que toi ?

ET toi même, voluptueux, (pour m'accomoder à ta foiblesse, comme un Chirurgien au vuide des vaisseaux ; ) puisque sans plaisirs vifs, tu ne peux parvenir à la vie heureuse, laisses là ton Ame & Seneque ; Chansons pour toi, que toutes les vertus stoïques ! ne songes qu'à ton corps. Ce que tu as d'Ame, ne mérite pas en effet d'en être distingué. Les préjugés, les Pédans, les fanatiques s'armeront contre toi ; Mais quand tous les Elémens s'y joindroient. . . ? Que faisoient à Tibule dans les bars de sa maitresse tous les vents déchainés ? Ils ajoutoient à sa félicité qui les bravoit. Prens donc le bon tems, quand, & partout où il vient ; jouis du présent, oublies le passé, & ne crains point l'avenir. Songes que le blé qui est semé hors du champ, est toûjours du blé ; qu'un grain perdu, n'est pas plus pour la Nature, je ne dis pas qu'un gland, pour un Chêne, mais qu'une goutte d'eau, pour la Mer ; que tout ce qui la délecte, est plaisir ; & que rien n'est contr'elle, que la douleur. Que la pollution & la jouissance, lubriques Rivales, se succédant tour à tour, & te faisant nuit & jour fondre de volupté, rendent ton Ame aussi lascive, s'il se peut, &, pour ainsi dire, aussi gluante que ton corps. Enfin puisque tu n'as point d'autres ressources, tires en parti : bois, manges, dors, ronfles, rêves ; & si tu penses quelquequefois, que ce foit comme entte deux vins ; & toûjours, ou au plaifir du moment préfent, ou, fi tu as cet efprit d'Oeconomie, au défir ménagé pour l' heure fuivante. Mais fi non content d'exceller dans le grand art de voluptés, la crapule & la débauche n'ont rien de trop fort pour toi, l'ordure & l'infamie reftent pour ton *glorieux* partage ; vautres y toi, comme font les porcs, & tu feras heureux à leur manière. Je ne te dis au refte que ce que tu te confeilles à toi même, & que ce que tu fais, mais de manière à t'en infpirer de l'horreur, fi tu m'entends : Je perdrois mon tems & ma peine à prendre un autre ton : parler de tempérance à un débauché, c'eft parler d'humanité à un Tyran.

Qu' avois-je béfoin d'un correctif? Qui ne voit que je n'invite point au crime, à Dieu ne plaife ! mais feulement par une fuite de fyftême, au repos dans le crime. L'homme paroit en général un animal faux, rufé, dangereux, perfide &c. Il femble fuivre plutôt la fougue du fang & de fes paffions, que les idées qu'il a reçues dès l'enfance, & qui font la baze de la loi naturelle & des remords. Voilà à quoi fe réduit en fubftance tout ce que je dis. Mon but eft de raifonner & d'aller aux caufes, en faifant abftraction des conféquences, qui cependant n'en feront ni plus facheufes, ni plus difficiles à réprimer. Si tant de méchans, malgré tous les principes de bienfaifance, dans les quels ils ont été élevés, ne font pas toûjours malheureux, n'eft-il pas évident qu'ils le feroient conféquemment

M

ment

ment encore moins, dans la double fuppofition, ou qu'ils pourroient fecouer le joug de ces premiers principes, ou furtout qu'ils ne l'euffent jamais porté. Je dis donc ce qui me femble, & ne donne qu'une hypothèfe philofophique. Je ne foutiens point la méchanceté, trop oppofée à mon Caractère; j'y compâtis feulement, parceque j'en trouve l' excufe dans l' organifation même, quelquefois inpoffible à dompter. Les Chevaux ne font pas les feuls Animaux qui prennent le mors aux dents. Que chacun s'examine; qu'il fe rappelle fes colères, fes vengeances, fes querelles, & tant d' autres mouvemens qui l'ont emporté, fouvent contre une femme douce & docile, ou contre une Maitreffe adorable, & il fe trouvera cheval, comme un autre. Tout homme fougueux & violent, en eft un.

Mais ( pour me parler & me répondre à l' imitation de Seneque ) tu ne pourfuis point les vices & les crimes avec un ftile de fer! Je ne fuis point tenu de remplir une tâche qui n'eft pas la mienne. Je la laiffe aux Satyriques & aux Prédicateurs. Je ne moralife, ni ne prêche, ni ne déclame; j'explique; encore une fois je ne fais qu'un fyftême. Je fuis & me fais honneur d' être citoyen zèlé; mais ce n'eft point en cette qualité (29) que j'écris; c'eft comme Philofophe. Or comme tel ne puis-je donc dire que Cartouche étoit fait pour être Cartouche; comme Pirrhus, Sylla, Marius, Catilina &c. pour *mettre l'Italie en cendre, &*

mourir

(29) *Je ne la crois cependant point bleffée.*

*mourir* (30) *de plaisir.* Je vois que l'un étoit fait
pour voler & tuer à force cachée, & les autres, à
force ouverte. Sage & vertueux Cinéas, à quoi
bon tous ces conseils ! Ils sont inutiles à qui est né
cruel, à qui porte en ses veines la soif du sang &du
carnage. On peut bien les écouter &même leur
applaudir, mais non les suivre.

VOILA ce que me dicte la Philosophie. L'
Amour du Bien public me dicte autre chose. Je
déplore le sort de l'Humanité, d'être, pour ainsi
dire, en d'aussi mauvaises mains que les siennes.
Je suis faché de croire tout ce que je dis ; mais je
ne me répens point de dire ce que je crois, sur-tout
n'y étant conduit par aucun libertinage, ni de cœur
ni d'esprit, & étant bien convaincu par tant d'expériences accumulées en chaque siécle, que les sys-
tèmes les plus hardis, lorsqu'ils ne font que philosophiquement vrais, ne peuvent être dangereux,
comme je le prouve ailleurs (31). Au travers de ce
qui semble révolter au premier coup d'œil ; les
gens qui ne font point sans odorat, pénétrant l'écor-
ce, trouveront que ma Philosophie ne s'éleve point
sur les débris de la société. Eh ! la Philosophie, eh !
qui ne se mêle que de penser & de vivre en paix, s'
y éleva - t-il jamais ?

QU'ON y prenne donc bien garde, j'en supplie,
& qu'on distingue en même tems l'homme, de l'
Auteur. Je n'enhardis point les méchans ; je les

M 2

plains

(30) *Corneille.* Les Horaces.
(31) *œuvr. Philos.* Disc. Prélim.

par humanité, & je les tranquillife par raifon, moins
encore, que je n'encourage les bons, par l' amour
de l'ordre & des Hommes. Si je les foulage d'un
pefant fardeau, je ne reconnois pas moins qu'ils en
font eux mêmes un bien plus onéreux pour la fociété, devant la quelle je ne les juftifie point, comme
vis à vis d'eux mêmes. Elle a fes coutûmes & fes
loix; elle a fes armes, quand on les a bleffées; je
ne fuis point ici fon vengeur, ni fon appui. Thé-
mis ne m'a point remis fa balance, elle ne m'a point chargé de pefer les vertus & les vices, les peines & les récompenfes. Et comme Crébillon n'en
eft pas plus noir (quoiqu'il ait paffé pour tel ) pour
avoir fait la Tragédie d'Atrée & de Thyefte; je
puis n'en être pas moins vertueux, pour avoir effaié
de détruire les vices abfolus, ou plutôt de faire voir
le peu de fondement de l'opinion qu'on a communément à cet égard. Si j'ai paru chercher à exemp-
ter de remords l'efpéce humaine, il ne s'enfuit pas
que je fois capale de ce qui les donne. Pour favoir
apprécier le peu que valent les hommes en général,
il ne s'enfuit pas que je dédaigne de les fervir, &
que je tende à leur ruine. Je détefte au contraire,
oüi j'abhorre, & mes mœurs en font foi, tout ce qui
peut nuire à qui que ce foit, & même à mes plus
grands ennemis. Je voudrois que ces armes de la
Politique ( les remords ) fuffent auffi effrayantes &
efficaces, que la potence & l'échaffaut. Ou plutôt que ne puis je empêcher les hommes de fe nuire les uns aux autres? Que ne puis-je les pétrir, en
quel

quelque forte, comme une pâte excellente, les tourner tous à la fûreté, à l'avantage, & à l'agrément de la Patrie ? Qu'ils feroient nobles, doux, tendres, défintereffés, généreux, compatiffans, fans envie, fans autre ambition que d'être utiles, contens de tout, & même de la fortune, & des fuccés de leurs propres ennemis ! Mais que dis-je ? Il n'y en auroit point (d'ennemis) dans la fociété que je fuppofe ; elle ne formeroit qu'une famille, où chacun couleroit, dans le fein d'une tranquille & vertueufe volupté, des jours purs & fereins : femblables à ces ruiffeaux, dont l'onde claire, & filtrée au travers des pierres poreufes, qui la rendent encore plus belle, fe répand dans la prairie, fuivant un cours fi naturel, & une pente fi douce, qu'on diroit qu'elle prend plaifir à l'arrofer. Telle eft l'image d'un bon Citoyen. Quelle volupté pour lui de fervir fon Roy, & fa Patrie !

Puisque tout eft facrifié dans la vie, à ce contentement intérieur, au quel Epicure a donné le nom de *volupté*, & qu'on peut à fon gré appeller *plaifir*, ou *perception agréable*, je fuis en droit de conclure, que telle eft la fource de ce Bonheur que les ftoiciens ont nommé *Béatitude, Souverain Bien &c.* Examinés attentivement tous les Ouvrages des Philofophes qui ont écrit fur ce fujet, depuis les tems les plus reculés jufqu'à préfent, & vous ferés enfin forcé de convenir que toutes leurs hypothèfes reviennent à celle là, dont la nôtre, quoique d'une forme toute neuve, au fond n'eft aucunement dif-



férente

férente. Le Héros de Lucréce dit que c'eſt toûjours le déſir de ſe ſatisfaire, qui fait commettre toutes ſortes d'actions, bonnes & mauvaiſes ; & moi je
dis que c'eſt le ſentiment du Bien-Etre qui nous y
détermine. Dites, ſi vous voulés, que c'eſt l'envie
d'*augmenter la ſomme des Biens & de retrancher la ſomme des maux*, vous parlerés en géomètre, mais au
fond vous ne dirés pas autre choſe, lors même que
vous ferés conſiſter le Bonheur dans la Réligion,
dans l'amour de Dieu & des Hommes : car il n'eſt
pas moins vrai que le Bonheur dans ce ſyſtême dé-
pendra toûjours immédiatement d'une tendreſſe,
d'une volupté, qui ne fait que changer de place &
d'objet : volupté *Sympathique*, lorſque le centre du
corps eſt ſon premier ſiége ; *Idyopathique*, pour me
ſervir des grands mots de mon Art, lorſqu'elle comment par affecter immédiatement le cerveau.

Si la Dévotion n'étoit un plaiſir, & le plus
grand que puiſſe goûter une Ame dévote, s'il n'
étoit ſa paſſion dominante, elle en auroit bientôt ſe-
coué le joug. Mais comme un Auteur (32) grave
l'a ſenſément remarqué, *un des plus grands avantages
de la piété dans ce monde, c'eſt qu'elle préſerve de l'ennui*,
mal ſi terrible pour une femme accoutumée à s'amuſer & à joüir de la vie, que celles qui ne ſont ni aſſez jeunes, ni aſſez riches pour continuer leurs ga-
lanteries, aiment mieux prier Dieu quatre heures de
ſuite, que de le ſupporter. C'eſt donc toûjours le
plaiſir, la volupté, ou toute agréable ſenſation, qui
eſt

(32) *Mr. L'Abbé Trublet.* Eſſ. de Mor. & de Litt.

eſt la cauſe néceſſaire de nos actions, de nôtre incon-
ſtance, de nôtre perfidie, de tous nos goûts, de tous
nos caprices, & de nôtre Bonheur.

Les plus vertueux, par une conféquence qui
ſort de la prémière, ne ſont donc pas, comme tels,
les plus heureux ; mais ſeulement en ce que les voïes de la félicité n'étant pas plus fermées à la vertu,
qu'au vice, ils ſentiroient d'une manière exquiſe,
ou auroient un grand nombre de perceptions déli-
cieuſes & agréables ; de celles qu'on ne veut ni
changer, ni aſſoupir &c. Faute de cette modification des nerfs, ( tant il eſt vrai que tout dépend du
tempéramment ! ) les bons peuvent être plongés
dans un abîme de maux ; tandis que ces mauvais
ſujets pour qui le monde entier eſt un déſert, qui n'
aiment qu'eux, & n'exiſtent que pour eux ſeuls, *pon-
dus inutile terræ*, éternels contemteurs de la vertu &
des vrais Biens ainſi nommés, vivent contens dans
la joüiſſance de ces prétendus faux biens, qui ne
ſont apparemment ſi faux, que de nom, puiſqu'ils
rendent heureux.

Des le commencement de cet ouvrage, j'ai
promis une hypothèſe, dans la quelle chacun auroit les mêmes droits au bonheur. Je crois avoir tenu parole. Le bonheur ne pouvant être une modification organique de la partie matérielle qui ſent
& penſe dans le cerveau d'une manière ſi incom-
préhenſible ; ne pouvant être une volupté de l'Ame,
qui lui faſſe préferer ſon exiſtence au néant, ſans
être à la portée des plus gueux & des plus miſéra-
bles

bles, il n'eft point d' homme qui n'ait fa portion de félicité. Auffi l'expérience a-t-elle prouvé à un homme de beaucoup d' efprit, (33) qui les a fi bien peints, combien les pauvres font contens, même en demandant l'aumone. Ils n'ont pas des lits bien mous ; mais ils dorment, & ronflent parfaitement ; ils fentent mieux fur la paille que fur le duvet les attraits de leurs Compagnes ; ils ont du plaifir à boire & manger, à fe chauffer aux coins des rües ; ils rient le foir de la crédulité des gens charitables qui les ont fecourus durant le jour, comme les médecins charlatans de celle de leurs malades. Heureux Coquins, ils préferent la pareffe & la fainéantife dans la plus fale crapule, à une vie lucrative dans l'activité. Enfin pauvres & riches, ignorans, favans, Dévots, impies, débauchés, voluptueux, chaftes, fobres, gourmands, fots, gens d'efprit, Animaux, Hommes, tout entre dans ce fyftême ; tous les corps animés ont de juftes prétentions au Bonheur, foit qu'on vive pour la Poftérité, & pour la fociété, foit qu'on renonce à l'honneur de paffer à l'une, & de fervir l'autre. Pourquoi qui a les mêmes organes & la même faculté de fentir, ne joüiroit-il pas des mêmes priviléges ? On n'a point cette forte d'injuftice à reprocher à la Nature. Elle n'a fermé la porte du Bonheur à aucun Etre : encore moins l'a-t-elle gratifié en marâtre, d'un fentiment, qui crucifiât celui qui en feroit doüé, ou qui ne pourroit

(33) *Mr. Le Sage.*

pas

pas le conduire au plaisir, comme à la douleur. Elle a donné une dose d'esprit & de Bonheur aux Animaux, comme aux Hommes ; dose dépendante de leur façon de sentir, plus ou moins exquise ; car le tems de faire des Machines dépourvües de sentiment, est passé. Chaque individu, chaque corps animé, sensible, parvient conséquemment au dégré de Bonheur qui lui est propre, & que, pour ainsi dire, il peut porter ; comme il parvient à la santé, à la gaïété, à l'esprit, à la ruse, à la force, au courage, à l'adresse, à la tendresse, & à l'humanité possibles.

On est donc fait irremédiablement (à moins que quelques révolutions produites naturellement, ou par art, ne changeassent le tempérament, supposé, comme semble l'avoir crû Descartes, que celles de l'art fussent possibles) pour être heureux, ou malheureux ; & presque, à tel ou à tel point, comme pour mourir jeune, ou vieux, de différens maux organiques, entouré de Médecins. Je dis *presque*, parceque les causes externes du Bonheur, dont nous avons fait une assés longue énumération, peuvent augmenter celui qui naît avec nous de la consistance & du jeu des solides & des fluides, en agissant sur les nerfs, sur les esprits, & par eux sur l'imagination agréablement émüe, ou délectée, comme une pierre lubrique rapidement tournée sur une lame qu'elle aiguise.

Mais de toutes parts quelle étonnante variété de Bonheur ! Elle ressemble à celle des esprits &

N

des

des viſages ; comme, il n'y en a pas deux ſembla-
bles, il n'y a pas deux hommes également heureux
& par les mêmes moiens : & d'où cela vient-il ? ſi
ce n'eſt de l'organiſation, qui ſeule rend raiſon de
tout : car par elle, par toutes ſes variétés, ſans entrer en aucun détail anatomique, qui ſeroit ici ſuperflu & déplacé, on conçoit pourquoi telle Nation ſent
mieux le plaiſir, aime plus la volupté, & eſt en général plus heureuſe, ou plus prête à l'être, comme
plus diſpoſée à rire, que telle autre.    Cette même
variété de ſtructure & de circulation de ſang, de
lymphe, & d'eſprits, eſt la cauſe de la différente ap-
titude au Bonheur, qui ſe remarque non ſeulement
entre différens peuples, comme je viens de le dire,
mais entre les divers individus d'une même Nation,
d'un même Climat, d'une même Province, d'une même ville ; elle nous cffre une pareille différence entre
les Animaux de diverſe & de même eſpéce ; elle nous
enſeigne pourquoi les Hommes dont les nerfs ſont
plus ſenſibles que chez les Animaux, & l'imagination plus active & plus vaſte, ſont faits pour être
plus heureux ; & d'autant plus, que ce ſurplus de
ſentiment & d'imagination, qui leur a été donné
par la Nature, fait eclore avec l'âge & mûrir ce
fruit de la combinaiſon de objets comparés enſemble, qu'on appelle *Raiſon*, dont la première Auro-
re, pour vû qu'elle ne ſoit point obſcurcie par les préjugés, ſuffiit pour éclairer & conduire dans le vrai
chemin du Bonheur, ceux qui en ſavent faire un
bon uſage.

LA

La différente manière d'envisager les objets, la préférence qu'on donne aux uns sur les autres, tous ces goûts dominans, qui font que les uns mettent leur Bonheur dans une chose, les autres dans une autre, souvent toute opposée, tout s'explique & s'ouvre en quelque sorte par la même clé. Nous ne jugeons que d'après nos sensations, ou nos perceptions, & non d'après des corps qui n'existent peut-être point, ou dumoins dont nous ne connoissons pas la Nature. Or ces sensations n'étant jamais exactement les mêmes dans deux Hommes, il s'ensuit que rien de plus rare que de voir les mêmes goûts réunis en deux sujets, & que chacun doit peindre, envisager, apprécier les objets, comme il en est affecté. De là tous ces Traités sur une même matière, qui ne se ressemblent pas plus, que les Physionomies des Hommes ou des Animaux d'une même espéce, faites aussi de la même pâte.

Il n'est donc pas surprenant que ce Discours sur le Bonheur diffère totalement de tous ceux qui ont partu sur le même sujet; je l'ai traité, comme je l'ai senti; & j'ai si bien, pour ainsi dire, imprimé mon caractère sur ce papier, que qui m'aura bien connu, reconnoitra sans peine les ressorts libres de ma Machine, dans ceux de mon ouvrage; & ceux qui ne me connoîtront point, sentiront, pour peu qu'ils aient d'odorat, le peu que je puis valoir dans la société, où je porte pour tout masque un visage transparent.



POUR-

POURQUOI ce qui plait dans un tems ne plait il plus dans un autre à la même perſonne? Il eſt évident que cette bizarrerie apparente dépend de quelque modification nouvelle, comme on le voit en amour, en maladie &c. La même Théorie porte ſon flambeau ſur tout, & ne laiſſe aucun problême ſans une ſolution claire & ſatisfaiſante. L'eſprit, pour rendre, raiſon de ſes caprices, eſt un feu dévorant à qui il faut des alimens preſque continuels, faute des quels il s'éteint; ſemblable en cela au corps même, dont l'épuiſement exige des réparations & une table preſque perpétuelle. Pour continuer de me peindre avec ma ſincérité ordinaire, il faut que je ſois ſans ceſſe, ou dans le travail, ou dans le plaiſir; ou que je me délivre par, le par le ſommeil, de ces momens vuides, qui me ſeroient à charge. Si je ne m'occupe à lire, à écrire ou à réfléchir (quoique vif, j'ai incomparablement plus réflechi, que lû, trouvant dans preſque tous les livres même appellés philoſophiques, des préjugés qui me rebutent, & n'aimant que ceux-là, ceux qui traitent de la Nature, & font penſer) je baille, je m'ennuïe, (avec plus d'eſprit, je m'ennuïerois davantage) je tombe dans la langueur & preſque dans l'anéantiſſement. Arrive, je le ſuppoſe, dans ces momens d'oiſiveté qui me ſont aſſés rares, un Ami qui a du jugement & des connoiſſances; il eſt certain que ſa converſation me rend le même ſervice qu'un bon Livre; elle releve mon Ame, elle nourrit & reſtaure en quelque ſorte un Etre qui mou-

roit

roit, comme d'inanition : c'eſt preſque rendre la vie à un cadavre. Après un grand travail, *quantum mutatus ab illo !* je ne ſuis plus le même, l'animal eſt tout changé. Maudit ſoit alors tout Bel-Eſprit ! mais ſurtout maudit ſoit de Dieu & des Hommes, un ſot a prétentions ! Je n'aime alors que celui qui n'en a point ; celui qui eſt vraiment ſot & Bête dans toute l'étendüe de ce terme, & qui a une conſcience nette & claire de tout ſon mérite. Il ne faut dans une circonſtance contraire qu'un tel animal pour tüer métaphyſiiquement un Homme d'eſprit : dans celle-ci, en a aſſés, qui ne me force point d'en avoir, qui ne me contraint point d'écouter, de raiſonner, & de tendre avec fatigue des fibres à moitié paralytiques. Il n'eſt pas plus agréable à l'eſprit épuiſé, de donner des preuves d'imagination & de jugement, qu'au cœur de donner des preuves ſolides de tendreſſe, après la ſeconde ou la troiſième. Voulez vous que mon imagination & ma volupté *libidineuſe* ſe réveille ? Attendés que j'aie fait une nouvelle digeſtion, favoriſée d'un doux ſommeil : l'eſprit, & l'amour, pour ainſi dire remontés, je ne dédaignerai plus ni Beaux Eſprits, ni femmes, ni ſavans.

LES divers dégrés de ſentimens agréables & déſagréables, donnent donc lieu à toutes les variétés, & comme à toutes les nuances que nous offre le Tableau du Bonheur & du Malheur des hommes. Celui dont l'imagination gaïe ne voit que Roſes dans la Campagne de la vie, quand même il n'y auroit que des chardons, eſt le plus heureuſe-



ment

ment conftruit ; car encore une fois ce font nos fenfations fauffes ou vraies, fondées fur des réalités, ou des illufions, qui nous déleɗent, ou nous cha-grinent. Celui qui, foit qu'il dorme, foit qu'il veil-le, ne trouve & ne cueille que Rofes fans Epines, a reçu en partage le plus grand préfent des Cieux, le *Bonheur organique* dont nous avons parlé. S'il eft une plante ingrate, ou venimeufe, confondüe avec une infinité d'ufuelles & falutaires, un habile Bota-nifte ne la diftingue & ne l'évite pas mieux, qu'une imagination toûjours riante, ce qui peut, tant foit peu, la bleffer & la mettre en deüil : on diroit qu' elle voltige de fleur en fleur, comme une heureufe & fine Abeille, jufqu'à ce qu'elle ait trouvée celle qui doit la fixer ; celle qui doit lui fournir ce fuc précieux dont la volupté compofe fon miel. Celui qui ne vóit que chardons, ronces, Epines, ou qui, malheureux Sybarite, couché fur un monceau de Rofes, en eft bleffé, a reçu le plus grand *malheur organique.*

Si on divife le Monde en trois claffes, on pour-ra mettre dans les deux prémières, ces infortunés mortels, pourfuivis par l'adverfité, la Mélancolie, la douleur, & la défolation de toute efpéce ; & auprès d'eux, auprès de cette ombre noire & lugubre, ( pour lui donner du luftre) le verd & riant Tableau de ceux qu'enivrent à l'envy la profpérité, l'amour, la joie, & les plaifirs : Bonheur & malheur *acciden-tels,* qui ajoûtent à ceux que je nomme *effentiels,* par-cequ'ils naiffent avec nous & dépendent abfolument

de

de la conſtitution des organes. La troiſiéme claſſe eſt immenſe ; elle comprend tous les dégrés intermédiaires dont nous avons fait mention.

La dernière remarque qui nous reſte à faire c'eſt que les plus heureux & les plus malheureux des mortels, ne ſont pas toujours dans le plaiſir, ou dans la calamité. Ici, au milieu du plus beau jour, dans le ciel le plus pur & le plus ſerein, il ſe forme un nüage, qui avec la vüe ou l'influence du ſoleil, nous dérobe cette douce chaleur, ſi amie de tous les corps animés : là, dans la nuit la plus obſcure, après une Eclipſe totale, ce bel Aſtre reparoît ſur l'horiſon, & rend la joïe aux mortels. C'eſt l'eſpérance, dont les doux rayons percent quelquefois l'adverſité même, & viennent relever dans l'Ame abatüe un courage conſterné & flétri.

Vous voyés que, quoique le Bonheur & le Malheur ne puiſſent être *eſſentiellement* augmentés, ils peuvent cependant l'être *accidentellement,* & ſurtout s'aiguiſer l'un par l'autre ; car qui ſent mieux le plaiſir & la ſanté, que celui qui a toûjours été en proie aux maladies de l'eſprit & du corps ? Il n'eſt donc ni Bonheur, ni Malheur parfait dans la Nature. C'eſt un *oiſeau rare ſur la Terre,* plus rare que le *cigne noir,* ce Bonheur *abſolu,* & pour ainſi dire, *portatif,* qui ne connoît qu'une entière indépendance, au lieu du luxe & des paſſions. Plus les *accidens* dont je viens de parler, ſont néceſſaires au Bonheur de la plûpart des Hommes, plus cette néceſſité même eſt affligeante, puisqu'elle prouve qu'

il

il leur faut chercher au dehors, ce qui leur manque au dedans ; & que le plaifir de vivre ne peut fubfifter, quautant que les diverfes voluptés & diffipations de la vie l'entrétiennent & lui fourniffent les alimens dont il a béfoin.   Hélas ! oüi, l'Homme le mieux organifé eft le plus fouvent forcé de mettre tout en œuvre, pour changer d'ingrates fenfations en de plus agréables.   Le Philofophe même pour éviter l'ennui, eft obligé d'avoir recours à toutes fortes de divertiffemens ; il faut qu'il fe fuie lui méme, pour fe retrouver ; il ne goute jamais mieux la fageffe, qu'après s'être un peu livré à la folie.

Heureux pour qui la Lecture même eft un délaffement qui fuffife à la récréation de l'efprit ! je ne dis pas celle, où il y a trop peu à glaner pour un Philofophe, comme les plus ingénieux Romans & même l'Hiftoire la mieux écrite ; j'ai en vüe ces Livres, où l'on trouve une Philofophie aimable, dépouillée de tout Pédantifme des Ecoles ; plus fuperficielle, que profonde ; fi fimple, fi naïve, qu'il n'eft aucunement pénible, (pour peu qu'on foit dans l'habitude, quoique las alors, de penfer) de promener fon Efprit fur des fleurs & des fruits dont il fi aifé de tirer quelque volupté & quelque fubftance.   En prenant l'étude d'un Sage pour un Repas (en eft-il pour lui de plus délicieux ? ) pour le feftin de l'efprit ; cette agréable Philofophie peut en être regardée comme l'entre-mêts : car comme un Eftomac déjà rempli de viandes folides, digère encore

des

des crêmes, des blancs-mangers & autres chofes fluides, ou qui fe fondent dans la bouche, un génie fort & exercé s'amufe de même avec plaifir, aprés s'être plus folidement occupé. Et c'eft ainfi que je me tourne vers mon Ami *Michel*, & que je me voüe à Montagne, à la fuite des Philofophes férieux & profonds, comme j'écoute une petite Piéce, aprés la grande ; car je n'exige pas que la mienne foit plus comique, il me fuffit qu'elle demande moins d'attention. Dirai je quel eft fur moi l'effet de la Lecture de cet Ecrivain ? Comme un doux Zéphire foufle peu à peu la pefanteur d'une tête qui a trop réfléchi, en faifant fur les fibres extérieures du vifage & du front, & par elles enfin fur les fibres du cerveau (34) à peu près le même effet qu'il produit fur les feuilles d'arbres qu'il agite avec un agréable (35) murmure, Michel Montagne me récrée de même & me divertit ; ce n'eft pas qu'avec lui, abandonné à foi même, on puiffe goûter la douceur indolente de ne point penfer ( douceur qui ne trouve fa place, qu'à la fuite des débauches de veilles & d'application, & qui fe change en amertume, pour un efprit vif & dévorant qui ne cherche que matiére à exercer des refforts las de joüer à vuide & de

O          fe

(34) *C'eft ainfi qu'agit auffi l'eau froide, furtout verfée de haut.*

(35) *Agitation qui fe communique au fang, qu'une trop grande tenfion avoit arrêté dans fon cours, enfin devenu libre, & rétabli par cette feule caufe.*

fe confumer ) ; c'eft feulement qu'au lieu de penfer, pour ainfi dire, au plus profond d'un objet creu-
fé, comme dans Locke, on ne penfe plus que comme fur fa furface, où ce qui étoit un travail, une cor-
vée, devient un plaifir & une volupté.

J'avoüe, & cela eft aifé à concevoir après ce
que je viens de dire, qu'avant que d' avoir fait une
certaine dépenfe d'attention & d' efprit, cet auteur
& autres femblables, s' il en eft, ne font point une
affés fucculente nourriture pour moi, qui me fuis
fait comme un métier de penfer tous les jours de
ma vie ; de forte que je ne fuis point furpris qu'un
Abbé de Condillac, Philofophe de la première force, ne puiffe quelquefois, comme il le dit, fupporter Montagne : c'eft qu'en ces-momens il faut des
des mêts plus fubftantieux à un génie qui eft, pour
ainfi dire, à jeun, & plus d'ordre dans leur fervice.

MAIS combien les chofes changent avec nous !
Combien les ouvrages les plus fuperficiels plaifent
à un homme las, épuifé par la Lecture, ou plutôt par
l'étude de profonds & fublimes Traités ! Qu'un défordre aimable a de charmes, pour qui eft fatigué de
raifonnemens abftraits, de l'ordre & de la Méthode
faftidieufe de nos Pédans & de nos *Aftrucs !*

TEL eft le défordre de Montagne, après un
grand travail. Savés nous pourquoi cet Auteur
plaît alors & enchante prefque ? C'eft qu'il n'eft ni
régulier, ni compaffé ; fans ordre, comme fans profondeur, il voltige indiftinctement fur toutes fortes

de

de fujets : il lui eſt indifférent de quitter celui qu'
il a commencé, pour y revenir, s'il plaît à Dieu ;
ou pour en entamer un autre ; il ſemble plutôt tenir ce qu'il ne promet pas, que ce qu'il annonce &
promet.    Peu inquiet de ſon ſtyle mal peigné, il
peint ſes idées ſur le papier, comme ſon Cerveau
les conçoit ( & il les conçoit fortement ) : on doit
à cette fidélité ſincère l'énergie, la naïveté, avec l'
heureuſe & inimitable tournure qui la ſuit.  Sans
ſe ſoucier davantage de ce que ſon Lecteur pourra
penſer de lui ( en quoi j'ai l'honneur de lui reſſem-
bler ) il ne craint point de ſe montrer tout entier
à ſes regards, avec ſes vices & ſes vertus, qui ne lui
cauſent, ni honte, ni vaine gloire.  Il a trop de vertus, pour ne pas couvrir avantageuſement ſes vices.
On aime à être, comme le confident d'un Auteur
qu'on eſtime ; la rareté de confidences auſſi ſingu-
lières ſurprend ; elle produit une ſenſation que la
curioſité rend encore plus piquante : enfin on lit
Montagne avec autant de plaiſir, & par la même raiſon qu'on ſe promène dans une belle Campagne
infiniment variée, où l'on voit à gauche, des eaux,
des batteaux à la voile, des montagnes, des vignes,
des Côteaux que le ſoleil dore ; à droite, des jardins,
des Bois, des Prairies, où paiſſent des Animaux,
dont d'autres Animaux plus ruſés tirent le lait &c.
Les yeux fatigués de meſurer, pour ainſi dire, la
hauteur des Montagnes, aiment à ſe repoſer ſur l'
émail de fertiles & agréables prairies.  C'eſt ainſi
que du ſommet de la Philoſophie, un Deſcartes, un

                    New-

Newton, un Maupertuis peuvent quelquefois def-
cendre avec plaifir chez un Ecrivain, aimable fans
coquetterie, & Philofophe, fans art, & presque
fans favoir : & peut-être qu'il leur feroit auffi doux
qu'à moi même, de s'égarer & de s'oublier avec
lui.    Revenons cependant, car Montagne même
revenoit quelquefois.

De tels & de fi fréquens befoins de divers plaifirs, prouvent affés que les hommes font en général plus malheureux, qu'heureux, en foi, ou orga-
nipuement ; mais fur-tout ceux qui rongés par l'avarice, l'ambition, la vanité, l'envie, avec des talens
très bornés, ont des prétenfions fans bornes.   J'
en fuis faché pour la Nature ; une vérité contrai-
ne lui eût fait, me femble, plus d'honneur.   Je le
fuis encore plus pour les Hommes, qui font mes
frères ; je vois avec douleur que la plûpart n'ont
pas la faculté d'être heureux, fi ce n'eft quelquefois & a grands frais.   Ceux qui le font à peu de
frais, brillent dans l'espéce humaine, comme une
étoile fixe parmi les Planétes, une Rofe parmi des
chardons, ou un beau Diamant au milieu de Stras
flétris : ils font fi rares qu'on pourroit les compter,
tandis que le nombre de ceux chez qui la fomme
des maux furpaffe la fomme des Biens, eft infini.
Trifte vérité ! Plus j'en ai fenti le poids, plus j'ai
cru devoir tâcher de le diminuer & de le rendre
plus léger & plus facile à porter ; or par quel moien plus efficace pouvois-je en venir à bout, qu'en
délivrant le genre humain d'un de fes plus grands
farde-

fardeaux, qu'en déliant cette chaîne de préjugés & de remords, dans la quelle les plus honnêtes gens font injuftement retenus? En effet ces Bourreaux une fois étranglés, les hommes qui n'auront plus à les craindre, feront plus tranquilles; la principale fource de toutes les peines d'Efprit fera tarie; par là même ils feront donc moins malheureux.

D' où l'on voit qu'une telle hypothèfe, dans la quelle chacun trouve moins d'obftacles au Bonheur, ne peut que tendre à celui du genre humain, pour le quel elle eft vifiblement faite, quoiqu'on en penfe & qu'on en dife: car encore une fois, n'eft-ce pas faire le bien, & être vraiment zêlé pour l'humanité, que de chercher à diminuer la fomme des maux & à être le medecin des maladies de l'efprit, lorfqu'on n'eft plus à lieu de l'être de celles du corps. Je ne fuis donc point fi Epicurien, que je ne fois Stoïcien en même tems, puifque je voudrois pouvoir retrancher de la fomme des maux, avant même que d'effaïer d'augmenter celle des plaifirs. Tant il eft vrai que les fyftêmes les plus contraires en apparence, bien entendus, fe donnent la main, & peuvent très bien s'accorder, &, pour ainfi dire, fe reconcilier & aller enfemble?

IL ne manque à mon but qu'une feule chofe, c'eft de voir ma Théorie réverfible à la Pratique, & mon projet exécuté: Mais hélas! il n'y a pas moien de s'en flatter, & voici pourquoi. Dans une vérité, ou même fi l'on veut, dans une invitation philofophique, le Bonheur qui marche à fa fuite,



ou

ou au quel elle tend, n'exifte comme elle, qu'hy-
pothétiquement. Il n'en eft pas de même de ces
vérités morales, de ces vérités de fentiment, dont
la plûpart n'ont qu'une trop pleine conviction &
une confcience trop diftincte ; le malheur qui fuit
une opinion de cette Nature, adoptée par prefque
tous les hommes, & qui eft l'expreffion fincère de
leur façon de fentir, exifte réellement, ou, comme
parlent les Scholaftiques, *a parte rei*. Ce qui fait
voir que les plus facheufes & les plus triftes hypothèfes ont de l'avantage fur les plus agréables & les
plus commodes.

Mais la manie de la plûpart des hommes eft,
moins d'être heureux, que de paffer pour tels. Si
vous defillés les yeux du Public, il ne fera plus poffible de le tromper ; la vanité employée en pure
perte, n'aura plus qu'à rougir, fi vous faites fentir
aux hommes qu'ils font cent fois plus malheureux,
qu'heureux. Tels & tels ne pourront plus per-
fuader que leur fort eft plus digne d'envie, que de
pitié : plus de moiens d'en impofer & de jouer la
Comédie fur ce Théatre ; toutes les reffources font
interdites ; une cruelle vérité, venüe à la fuite d'
un examen profond, mais terrible, les a fermées
comme de fa propre main.

Que je fuis faché que la vraie pierre de tou-
che du Bonheur, foit une efpéce de pierre inferna-
le qui éclaire moins, qu'elle ne brule les malheureux ! Car il eft certain que ceux-ci ne peuvent

fe

ſe l'appliquer, ſans découvrir toute la profondeur
& la malignité des plaïes de leur vie !

PAR cette raiſon même, étourdiſſons nous ſur
nos peines & n'approfondiſſons que nos plaiſirs ;
n'entrons dans aucun détail ſiniſtre ; ne diſons point
à cette femme qu'elle a ſur l'oeil une taïe dont elle ne s'étoit pas apperçue ; à cette autre qui ſe croit belle, que c'eſt une guenon ; à ce Fou, que ces
vaiſſeaux ne lui appartiennent point ; aux Sujets,
que c'eſt leur propre obéiſſance qui fait leur marti-
re & le deſpotiſme des Tyrans &c. Montrons tout
aux gens de Cour, excepté leur eſclavage ; que les
*grands Seigneurs* ne ſoient jamais nommés *Valets* ;
qu'on faſſe accroire à ceux-ci, qu'ils ſont plus heureux que leurs Maitres : enfin effaçons les couleurs
lugubres du Tableau de la vie, pour en ſubſtituer
de vertes & de gaies. Plus le fond en eſt noir,
plus il faut y ſemer de fleurs. Au défaut de natu-
relles, que les artificielles ſoient emploïées. Une
erreur agréable vaut mieux que cent triſtes vérités.

MAIS que dis-je ! & qu'auroit-on à craindre
de la plus auſtère Philoſophie ? Devroit elle renon-
cer à ſes droits, parceque la ſociété ſembleroit perdre des ſiens avec elle ? Non, une autre vérité nous
conſole & nous préſerve en quelque ſorte de toutes celles-là ; c'eſt que les Philoſophes peuvent ſe
donner libre carrière, ſans qu'il en réſulte aucun
danger. Le plus triſte Traité du Bonheur, celui
qui ſemble conduire le plus directement au ſuïcide
ceux que le bras de la Réligion ne retient point, n'
y con-

y conduit pas pour cela.    Il y a auffi loin de la
néceffité du fuicide fyftématiquement démontrée,
pofée telle ou telle circonftance, ( abftraction faite
de toute Réligion ) à la pratique du fuicide, que
de la deftruction hypothétique des remords, à leur
abolition réelle.    Pourquoi ? C'eft que les Hommes ne font point affés fenfés, pour favoir, ni vivre
ni mourir, ni penfer par raifon.    Leur amour propre leur donne dans leur mérite, ou dans leur vertu, une confiance folle, qui leur fait croire que la
fortune, laffe enfin de les perfécuter, les fera joüir tôt
ou tard d'un meilleur fort : & leurs préjugés triom-
phent prefque toûjours des réfléxions lesplus folides.

L'Ouvrage le Plus vrai, le plus excellent, qui ait
jamais paru fur le Bonheur, eft donc celui qui nous a
le plus éclairés fur les mifères de la vie. Ce feroit s'
écarter du grand chemin, que de n'en pas faire l'éloge. On voit que j'ai en vüe l'*Effai de Philofophie Morale*
du célébre Mr. de Maupertuis, ouvrage qui eft
auffi fort au deffus du Difcours de Mr. de Fontenelle fur le même fujet, qu'un grand génie eft au
deffus d'un bel-Efprit, qui raffemble à la vérité une
infinité de talens & de connoiffances, mais qui eft
auffi peu fupérieur dans les uns, que peu profond
dans les autres.

La fagacité de nôtre Auteur, qui brille dans
tant d'autres fublimes Ecrits, fe montre avec toute
fa force dans la profondeur des reflexions neuves
de celui-ci.    Qui n'admireroit la plus grande clar-
té dans

té dans la plus lumineuse des Théories? Quelle précision mâle & nerveuse, dans ce stile qui ne souffre pas un mot muët, ou inutile! Que j'aime cette marche roide & serrée, avec la quelle un esprit juste & vigoureux, va, sans, pour ainsi dire, tourner la tête, frapper directement le but par le plus court chemin! Et qui ne siffleroit, à la vûe d' un Livre aussi bien fait, cette *petite Maitresse* ridicule, qui voulant opposer sa voix de spirituelle *Caillette* à tant de suffrages éclairés, montée sur les épaules de qui lui prête autre chose que sa plume, ne s'est élevée contre le premier Homme du Siécle, que pareeque mettant apparemment le Bonheur où souvent elle le trouve, elle l'aura cru aussi commun &, pour le dire en termes de mon art, aussi *vulgivague* qu'elle.

# CONCLUSION.

IL ne me reste qu'à contempler la magnificence de la Nature dans sa grande simplicité. A combien peu de frais elle semble avoir voulu que l' Homme, abandonné à lui même, pût être heureux, ou malheureux, selon qu'il seroit organisé pour être l' un ou l' autre!

COMME toutes les veines portent le sang au cœur par une seule; le plaisir & la douleur modifiés à l' infini, arrivent à l'Ame par un seul chemin



qui

qui eſt le ſentiment. Telle eſt l'unique voie, par la quelle tous les hommes ſaiſiſſant le même but, ſont plus ou moins heureux ou malheureux.

Pour former ce ſentier du Bonheur & du malheur de la vie, il a ſuffi ( qui le croiroit ? ) que tous les nerfs ſe donnaſſent une eſpéce de rendés-vous dans un endroit particulier du cerveau, où le plus ſouvent ils ſemblent ſe réunir pour mieux ſentir : Et comme le cœur ſe contracte plus ſouvent, ou plus fortement, quand le ſang & les eſprits y ſont abondamment précipités par diverſes cauſes, de même le ſentiment de nôtre Bien, ou de nôtre Mal-Etre, s'aiguiſe, & s'excite par celles qui agiſſent intérieurement & extérieurement ſur nos organes ſenſitifs. D'où il s'enſuit que celui dont les nerfs ſont conſtamment le plus agréablement affectés par quelque cauſe que ce ſoit, eſt néceſſairement le plus heureux, & *vice verſâ.*

Tel eſt le tronc, du quel partent toutes les branches du Bonheur & du Malheur, luxe charmant ou facheux de l'arbre de la vie, à l'ombre du quel, ſi nos chagrins nous éclairent ſi vivement ſur nôtre condition, que nous puiſſions à peine en ſupporter la rigueur, tachons de trouver d'heureux momens qui nous faſſent oublier ceux qui nous font déſirer la mort.

Venus au monde nus, expoſés à toutes les injures de l'air, nous avons ſû nous en garantir par les ſecours les uns des autres : mettons de même tout en oeuvre pour bannir les peines & les inquiétudes

études d'efprit, aux quelles la Nature ne nous a pas moins févérement affujettis.  Que l'Ame cuiraffée comme le corps, vis à vis de tout ce qui peut la bleffer, ne s'ouvre qu'aux raïons de la volupté, & ne couche nüe, pour ainfi dire, qu'avec le plaifir. Voilà comme on peut, fi ce n'eft trouver la félicité, du moins par les ébats & les diffipations du dehors (fur-tout par de bons principes philofophiques, qu' on peut accomoder à l'une & à l'autre fortune, pour pouvoir fupporter l'adverfité, & ajouter en quelque forte à la profpérité) déconcerter & affoiblir le malheur qui nous pourfuit au dedans, & jufqu' au fond des entrailles qui l'ont produit.

TEL eft le but que je m'étois propofé ; la route eft nouvelle, hardie, le champ vafte, inépuifable, & la carrière brillante, fi j'ai fû la remplir dignement.  Ce fujet eft fi intéreffant, fi fait pour plaire par lui même, qu'il n'y a que la manière, peut être ingrate, dont il a été traité, qui puiffe en ternir l'éclat & en diminuer le mérite.

# Fin.

www.ingramcontent.com/pod-product-compliance
Lightning Source LLC
LaVergne TN
LVHW021856170726
843503LV00003B/1258